学习高手的自我管理

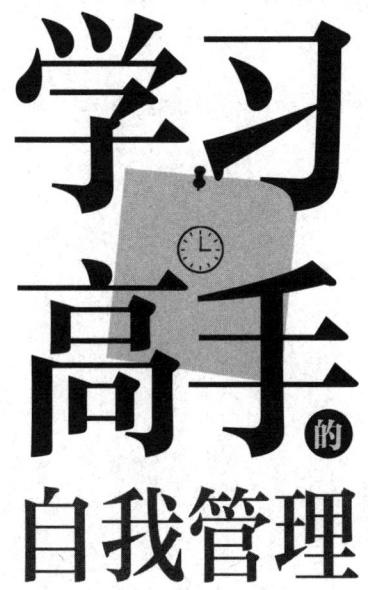

戴东 著

北京联合出版公司
Beijing United Publishing Co.,Ltd.

图书在版编目（CIP）数据

学习高手的自我管理 / 戴东著 . -- 北京：北京联合出版公司，2025. 8.--ISBN 978-7-5596-8487-5

Ⅰ.G791；G78

中国国家版本馆 CIP 数据核字第 2025R39U24 号

学习高手的自我管理

作　　者：戴　东
出 品 人：赵红仕
选题策划：北京时代光华图书有限公司
责任编辑：管　文
特约编辑：孟春燕
封面设计：新艺书文化

北京联合出版公司出版
（北京市西城区德外大街 83 号楼 9 层　100088）
北京时代光华图书有限公司发行
北京晨旭印刷厂印刷　新华书店经销
字数 174 千字　787 毫米 ×1092 毫米　1/16　13 印张
2025 年 8 月第 1 版　2025 年 8 月第 1 次印刷
ISBN 978-7-5596-8487-5
定价：58.00 元

版权所有，侵权必究
未经书面许可，不得以任何方式转载、复制、翻印本书部分或全部内容
本书若有质量问题，请与本社图书销售中心联系调换。电话：010-82894445

学习一定要有好方法

  本书用简洁生动的语言，教你如何掌握轻松、高效的学习方法。这一学习方法经过时间和实践的检验，证明非常有效。目前，已经有近10万人、300多所学校和机构在使用此方法，并把它作为必备的学习工具，天天检视、年年使用。

  本书是帮助家长、辅助教师、提升学生心态管理和学习能力管理的重要工具用书。

  关于学习方法类书籍，你是否经常有这样的困惑：

- 很少有时间看完，看到后面忘了前面。
- 密密麻麻的文字加术语，看着太累。看完了，发现这本书不是自己想看的。
- 书中的内容不知道如何在学习中运用。
- ……

  书难读，费时、费力；选错书，费心、费神；书中知识不实用，更不能落实。这些问题已经成为读者面对学习类书籍的最大困惑。

阅读的最大成本——时间

阅读的时间成本＝选书的时间＋读书的时间（包含读错书的时间）

那么，怎样才能把时间成本降到最低，既能省时、省力、省心地选对书，又能获取最大价值，学以致用呢？

学习方法高效实用才是硬道理

• 高效实用
专注于研发提高学习效率的工具，从而达到提升学习成绩的目的。

• 讲方法，给工具
少讲为什么，多教怎么做，直接给方法，一用就见效。

• 两小时轻松读完，学习方法高效的工具书
学习方法轻松高效的工具书，将带给读者更高的价值。用简洁的图（见图1）表（见表1）、文字诠释学习方法，一目了然；图表、文字加练习，即可掌握工具、方法，开启全脑学习、轻松读书的新时代。

表1　高效学习，快乐成长

中小学生	高效学习，掌握学习方法，提高学习兴趣
学生家长	掌握教育规律，体会教育孩子的真正乐趣
学校老师	改变老师苦练的教育现状，辅助老师快乐教学

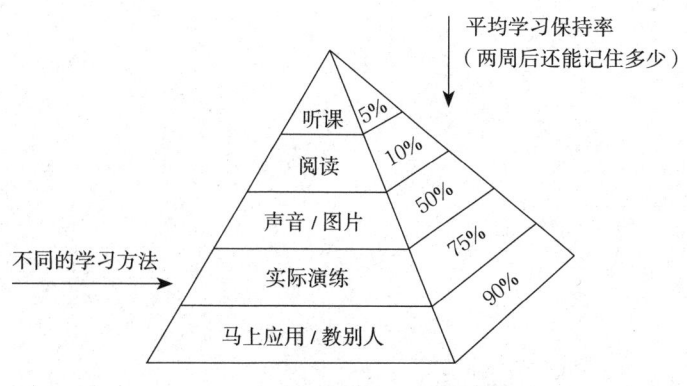

图1 高效学习的金字塔

本书将教你学会

- 如何制订学习计划。
- 如何利用时间管理表。
- 如何将长远计划和短期计划有效结合。
- 如何制订分科学习计划。
- 如何持之以恒达到目标。

你的明天靠你自己去把握！你的蓝图靠你自己去描绘！努力发掘你的天赋潜能，你是独一无二的，没有人能替代你。让我们从现在开始制订目标和计划吧！

序言二

学比习重要，习比学有效

如果把知识比作一座宝库，学习方法就是打开这座宝库的钥匙。要想取得好的学习成绩，必须拥有科学的学习方法、良好的学习心态及正确的学习习惯。好的学习方法就是点金术，是通向成功的桥梁。

当今社会，知识更新日益加快。掌握好的学习方法、应用好的学习工具至关重要。只会被动学习、死学、苦学，不善于尝试改变自己和接受新观念的人，在今后的工作、生活中必将遭遇种种困境。只有在学习知识的同时，不断地尝试、总结并应用好的方法，才能适应社会的飞速发展。

这本书构建了一个紧密结合教学过程、突出实用原则、提升自我学习能力的训练系统，它包括逻辑思维、学习方法和实用工具。这些都来源于 300 多所中小学近 10 万名学生的成功实践。

轻松掌握高效学习能力的三步法

第一步：学习成功的学习方法

应用北京四中等名校以学生发展为本的先进教学理念，培养学生的自主学习能力、适应未来社会的素质。全面发展、创新的教学方法，让学生不用摸着石头过河，轻松快乐达到高效学习的目的。

第二步：总结自己的学习方法

学生可通过本书中系统化的学习工具，反思自己学习方法上的优势和劣势，弥补学习中的短板，优化学习程序，提高学习效率。

第三步：形成适合自己的学习方法

没有一种方法是万能的，适合自己的方法才是最好的学习方法。要优化个人学习方法，形成自己的风格。

本书中将整个学习过程划分为简单易学的步骤和工具，并给出相应的使用方法。只要你肯花时间、花心思，成绩就一定会有惊人的提高。

这些方法和工具以教育心理学为基础，以大量的实践和科学数据为依据，其中每一个流程、方法、规律都已得到验证。实践表明，每熟练掌握一个流程和方法，都会使你的学习效率提升 25% ~ 65%，如果你综合运用多个流程和方法，将会获得巨大的进步。

在学习、应用这套流程和方法之前，你一定要清楚自己想从这套方法中学到什么，想解决什么问题。世界上并不存在一用就灵的"特效药"，但是让自己取得良好的成绩不是梦。梦想成真，需要你努力地投入。

不要有"先试试看吧，看看管不管用再说"的想法。如此，你将收获甚微，因为你对这本书的态度，决定这本书对你的价值。所以，千万不要对这本书持以观望的态度，你必须对书中的方法有足够的信心，改变自己的学习心态，提升自己的学习能力，并持之以恒，才有可能见到效果。在运用书中的工具、方法时半信半疑，会影响你的心态，从而影响方法的有效性。

水滴石穿有两个原因：一是水不停地滴，二是水要不停地滴在同一个地方。

欲速则不达，应用时不可操之过急，否则很难达到预期的效果。

本书可以帮你了解学习过程中的原理，为轻松、高效地获得好成绩打下良好的基础，让你今后的学习一路领先。

坚持下去，相信自己，加油！

你也可以出类拔萃

学习成绩是每一位同学都非常关心的问题。取得良好的学习成绩意味着学习上有所进步并在竞争中获得一定的优势。

我在全国近千所学校给家长和学生讲过课，通过多年的研究和对这些学校的了解，我想告诉同学们：不必难过自己没有出类拔萃的资质，因为大部分人和你的智商相差无几；不必计较学校老师的教学水平，因为同样的学校、同样的老师、同样的课堂、同样的考试，依然有人名列前茅；不要以为拼命努力，就一定能考入理想的大学，因为方法不对，努力很可能白费。

既然大部分人没有什么本质上的区别，为什么在学习上会有这么大的差距呢？

因为学习的心态和学习方法不同。好的学习方法能使人充分发挥其积极性，在昂扬的斗志和愉悦的心情中不断创造佳绩，终成大器；不好的学习方法使人头疼，在郁闷的心情和低迷的精神状态中不断摔跤，最终难以成功。

　　从此时开始，调整学习心态，应用科学的学习方法，你也可以出类拔萃！

目录

第一章 认知管理——成为学习的主人

从心智到行动，改变学习命运 / 002
空杯心态 / 002
四种学习类型，你属于哪种 / 002
参与练习 / 003
坚持训练 105 天，奇迹会出现 / 003

好的学习方法是获取高价值知识的关键 / 004
何为学习方法 / 004
大多数人不知道该怎么学 / 005
学习方法才是打开知识宝库的钥匙 / 006
改变让我们成为学习的赢家 / 007
大师说学习方法 / 008
具备正确的学习心态 / 009
追求快乐、逃避痛苦是人类的本能 / 010

学习一定不是痛苦的过程 / 011

过去不等于现在，现在不等于将来 / 012

"四问宝典"助力学习成绩突飞猛进 / 013

学习一定要有"四问宝典" / 013

一问：学习的问题有多少 / 014

二问：学习的问题是什么 / 015

三问：学习的问题怎么解决 / 016

四问：学习的问题何时解决 / 018

第二章 心态管理——心态决定一切

法则一：积极的心态 / 020

为何要有积极的心态 / 020

种下一棵积极的心态树 / 022

如何转换心态 / 024

积极心态自我训练法 / 028

法则二：自信是成功的第一秘诀 / 029

相信是一种力量 / 029

自信会激发我们强烈的企图心 / 031

生命的质量在于自我确认 / 033

提升自信的15种方法 / 034

第三章 目标与计划管理——掌握成功的先机

目标和计划是成功的一半 / 038

没有目标，人类将失去方向 / 038

不设定目标的理由 / 043

设定怎样的目标 / 044

设定目标的具体训练方法 / 050

学习要有明确的目标 / 052

目标是学习的动力源 / 052

目标引领人生方向 / 053

目标给人以力量 / 054

目标铺就成功之路 / 055

目标使问题简单 / 056

实现目标三要素 / 056

如何科学地制订目标 / 058

学习要有合理的计划 / 059

正确认识计划 / 059

做时间的主人 / 060

学习计划为什么总执行不到位 / 062

第四章　学习工具——工欲善其事，必先利其器

工具一：自我诊疗 / 074

工具二：演算纸 / 076

如何规范使用演算纸 / 076

建立演算纸自我诊疗表 / 078

工具三：错题档案 / 079

建立错题档案自我诊疗表 / 079

如何建立错题档案 / 079

高效使用错题档案 / 082

战胜自我，相信是一种力量 / 083

工具四：黄金5分钟 / 084

工具五：康奈尔笔记 / 086
使用康奈尔笔记把书由厚变薄 / 086
高效使用康奈尔笔记的要求 / 087

工具六：归纳本 / 088
如何建立归纳本 / 089
建立归纳本的优势 / 091
发挥归纳本的最大价值 / 092

工具七：知识负债表 / 093

工具八：树形网图 / 094

工具九：一拖三复习法 / 096

工具十：四轮复习法 / 098
四轮复习法的三大特点 / 099
第一轮次：通览——把握整体 / 099
第二轮次：精研——重点突破 / 102
第三轮次：训练——知识转化能力 / 104
第四轮次：回顾——战前最佳状态 / 106
四轮复习法的技巧 / 107

第五章 程序管理——把学习程序化

程序化的重要性 / 110

预习 / 111
你会预习吗 / 111
预习开好头，学习成功一半 / 112

预习的好处 /116
预习的积极作用 /118
预习的类型 /119
如何进行有效预习——语文类科目 /120
如何进行有效预习——数学类科目 /121
明确预习的目的，让预习事半功倍 /123
预习要注意的事项 /123
预习成败的关键 /125

听课 /126
课堂是学习知识的主阵地 /126
不同阶段课堂学习与自主学习的比例 /127
养成良好的听课习惯 /128
做好课堂笔记，提高听课效率 /131
不打无准备的仗 /134
听课学会抓重点 /135
让你的听课舞动起来 /137

复习 /140
根据遗忘规律安排复习 /141
复习是学习的重要环节 /143
复习的类型 /143
复习的方法 /152

作业 /155
把作业当成考试 /155
做作业的目的 /156
如何高效做作业 /157
做作业的注意事项 /160
作业三不做 /161

作业一定做 /162
五轮解题法 /163

考试 /171
明确考试目的 /171
应对考试必做的准备 /172
应对考试的方法 /176
做好考试分析 /178

错题档案 /181
教训与经验同样重要 /181
正确对待错题档案 /182
错题档案应收录的错题及应对措施 /183
错题档案的应用实战 /186

后　记　爱，让我们活着！ /189

第一章

认知管理——成为学习的主人

从心智到行动，改变学习命运

空杯心态

在阅读本书的过程中，也许你会发现有些道理你懂，有些知识你知道，有些步骤你明白，有些练习太简单。这时，问问自己："我做到了吗？我想要的结果得到了吗？"知道不等于做到。从知道到行为，从行为到结果，那些优秀的学生已经有了很多共性的经验可以拿来分享和学习。但是，只有具备空杯心态，你才能真正学到这些经验。

有一个人去找禅师问禅，他喋喋不休，禅师则只是以茶相待，一言不发。禅师将茶水倒入他的杯中，满了也不停下来，继续往里面倒。眼看着茶水不停地向外溢出，他终于忍不住说："已经溢出来了，不要再倒了！"此时，禅师意味深长地说："你就像这个杯子一样，里面装满了自己的想法。如果你不先把杯子清空，让我如何对你说禅呢？"

四种学习类型，你属于哪种

从学习心态和学习方法两个方面综合考虑，我们将学生的学习状态分为四种类型：

- 优秀型：基础扎实，学习有方法，心态积极，成绩稳定且达到优秀。
- 认真型：学习很刻苦，没有掌握正确的学习方法，学习能力较弱，基础不够扎实，成绩上不去。
- 松散型：学习能力强，有方法，但不主动，学习不踏实，基础不扎实，学习成绩不稳定。
- 脱轨型：没有兴趣学习，不下功夫，底子差，没方法，学习能力差，学习成绩差，处于恶性循环的学习状态。

如果把学习心态和学习方法各定为 10 分，那么，学习心态 10 分 × 学习方法 10 分 = 成绩 100 分。

参与练习

为了便于大家理解和记忆，本书中采用文字、故事、图画、表格加互动的方式，把枯燥难懂的知识点转化为可操作的工具。只要你认真参与，边读边练，你会发现你已经开始进入轻松高效的学习状态了。不久的将来，你将拥有良好的学习习惯，并能归纳出符合自身特点的学习方法，形成良性循环。

坚持训练 105 天，奇迹会出现

坚持训练 105 天，奇迹会在你身上出现。人是有惰性的，再好的工具，再好的方法，如果没有坚持，都是没用的。坚持 21 天，你会养成高效的习惯；坚持 105 天，你会看到奇迹在你的身上出现。

从现在开始，让我们轻松、高效、快乐地学习（见图 1-1）！

图 1-1　坚持高效练习

好的学习方法是获取高价值知识的关键

何为学习方法

无论再好的心态，再努力的学习行为，如果学习方法不对，时间管理没有规划，那么你很有可能依然一事无成。

达尔文说："最有价值的知识，是关于方法的知识。"

毛泽东也曾经用很形象的比喻说明方法的重要性。他说："我们的任务是过河，但是没有桥或没有船就不能过。不解决桥或船的问题，过河就是一句空话。不解决方法问题，任务也只是瞎说一顿。"

所谓方法，就是人们为了达到预期的目的所采用的步骤和手段，是人们对思维过程和实践经验的概括和总结，是悟性、是感受。总之，方法来源于实践的过程，而学习方法则是人们为了达到预期的学习目的所采取的步骤和手段。学习方法运用的步骤、手段、经验，离不开学习目标的确立、学习习惯的养成、学习兴趣的培养、学习动力的触发等。单纯地探讨学习方法是不全面的，更是不切合实际的理想主义。

在同一所学校同一个班级，同学们读着同样的课本，又被同一个老师所教，大部分人智商也没有本质的区别，可为什么有的同学学得好、学得快、学得轻松，而有些同学则会愁容满面呢？这在很大程度上是习惯不同、方法不同造成的。不同的方法会有不同的行为，而行为决定结果。今天，如果我们的同学和家长采取了抢先一步的行为，也会有领先一路的结果。

大多数人不知道该怎么学

在每次训练中我都会问一些学员："你们读过学习方法类的书吗？你们接受过学习方法的训练吗？"90%以上的学员会回答："没有！我们每天上课那么辛苦，平时作业都做不完，周末还有那么多课外练习……"

这就是我们学不好的原因！只知道学，却不知道该怎么学。

一个学生问老师："您是否可以把智慧传授给我？"老师没有立刻回答，却拿起一个苹果咬了一口，咀嚼了一阵，然后吐在手中，把手伸到学生面前说："吃下去。"学生面有难色："这怎么能吃呢？"老师却说："你不能吃我吐出来的东西，那你也不能从我这里获得智慧。"

事实的确如此，我们不能从别人那里获得智慧，即使看书得来了知识、谈话得来了经验，它们也不能称为智慧。只有等这些知识和经验真正影响了你的行为，变成了你内在的能量，才能转化成你的智慧。

书的作用、教师的作用，只是将你领到一桌丰盛的宴席旁，告诉你这个菜如何吃，如何有营养，吃不吃在于你自己。

太多的知识是老师一口一口"喂"给学生的。有些学生总是被动地跟着老师走，老师讲什么，他们就学什么；老师布置什么，他们就做什么。他们就这样稀里糊涂地念完了小学、初中、高中，甚至大学。

长此以往，这些如同被家长、老师抱着或者搀着走路的学生，很难获得真正的成长。老师和家长一旦放手，他们就不敢迈步，不知道如何走路，最终还是没有学会如何学习。因此，这些同学即便学到丰富的知识，其实仍然是新时期的文盲。毕竟在这个时代里，文盲已经不再单纯地指代那些不认识字的人，也指不会学习的人！

学习方法才是打开知识宝库的钥匙

• 为什么每天到学校里认真听课、及时做作业，成绩仍然上不去？

• 为什么经常请家教补课、做大量的课外习题，成绩却没有显著的提高？

• 为什么平时学习成绩不错，一到考试时，学过的知识、会做的题，却想不起来、做不出来？

• 为什么有些同学在小学成绩很好，上了初中、高中后成绩却一落千丈？

……

以上正是学习方法欠缺导致学习效率低下的常见问题。如果不能正确地认识这些问题，很容易使学生产生懒惰、厌学、自卑等不良心理。

在教与学的过程中，应充分尊重学生发展的个体差异，重点培养学生的学习能力，使学生掌握科学的学习方法，让学习变得主动。本书以"重基础、重精髓、重方法、重自学"为理念（见表1-1），对学习过程进行引导和管理，优化学习方法，培养学生独立解决问题的能力。并且，对学生预习、听课、复习、作业、考试、建立错题档案这六个环节进行有效指导，帮助学生提高课堂效率，养成良好的学习习惯，真正掌握高效的学习方法，从而达到提高学生学习成绩的目的。

学生一旦有了好的学习习惯，能够用正确的学习方法贯穿整个学习过程，再伴随良好的学习心态，自然能够获得好成绩。

表1-1 打开知识宝库的钥匙——学习方法表

重基础 ↓	做对占试卷70%分值的基础题，上985、211大学就有希望了
重精髓 ↓	做"典型题"而不是搞"题海战术"，"题目千千万，题型一二三"。把学生从题海中解放出来，既节省了时间，也提高了效率
重方法 ↓	学习成绩好与不好的区别在于学习方法不同
重自学	有主动学习意识，有明确的学习目标和学习计划

一般来说，教学方法分三种：一种是扶着学生走，这是最累的方法。表现为满堂灌、填鸭式地喂给学生，结果学生几乎失去学习能力。一种是领着学生走，这会弱化学生的学习能力，过量的作业往往会摧毁学生的求知欲，造就一大批"低能儿"。一种是老师看着学生自己走，这才是培养会学习、兴趣高、能力强的学生的有效途径。

改变让我们成为学习的赢家

为了取得更好的成绩，刘翔决定进行重大技术修正，从8步上栏改为 7 步上栏。其师父孙海平说，如果技术修正成功，刘翔的成绩将提升 0.05 到 0.1 秒。

从训练 110 米栏项目开始，刘翔就一直采用 8 步上栏技术。为何要改？刘翔在 110 米栏比赛项目中，后半程表现要比前半程强很多。在前半程上栏时，刘翔往往要比罗伯斯、奥利弗等人慢，因为刘翔是 8 步上栏，而罗伯斯、奥利弗等人是 7 步上栏，刘翔多跨了一步，慢就成了必然。

从起跑到第一个栏间的 8 步改为 7 步上栏，意味着确实是对刘翔技术、能力、心理上的一次巨大挑战。其难度在于刘翔要克服原有习惯，解决启动腿发力的顺序问题，这需要他在起跑器上换脚，把原来的左脚在后、右脚在前改为左脚在前、右脚在后。改变习惯后，刘翔的感觉是："缩短了一步，前 7 步力量会大很多，重心移动更快，对我来说是个很大的挑战。"

把 8 步上栏改为 7 步上栏，意味着 12 年以来一直采用的技术、形成的习惯也并非不能改变。不管挑战多么巨大，刘翔做到了。世界上那些为了获得更好成绩的高手也在积极寻求改变，我们还在等什么？立刻行动、立刻改变，让我们成为学习的赢家！

大师说学习方法

某本书中有这样一段话，大概意思是："未来的文盲不再是不识字的人，而是没有学会学习的人。我们要面对的时代，是信息化的时代，是知识经济的时代。再良好的学校教育都不能让我们一劳永逸，我们必须'终身学习'。一个只能被动学习、不会主动探求知识的学生，在他日后的工作、学习中，必将遭遇许多麻烦，甚至完全无法适应未来的生活。"

可见学习方法的重要性。事实上，古今中外那些优秀的人早就认识到了学习方法的重要性（见表1-2）。

表1-2 名人说学习方法

美国物理学家爱因斯坦	学习方法决定了你的成绩，是你征服未知的工具。如果没有好的方法，即使你每天刻苦学习，也不会取得好成绩
英国生物学家达尔文	最有价值的知识，是关于方法的知识
著名学习方法研究专家丁晓山	学习方法对于中小学生实在是太重要了。应该说，根据现行中小学教学大纲规定的学习内容，只要孩子不是智力特别低下，一般都能顺利地完成学习任务。有的学生任务完不成，学习成绩比较差，往往不在于智力、态度和环境等原因，而在于没有掌握科学、高效的学习方法
著名教育专家孙云晓	学习方法比考试成绩更为重要。如果能使自己的学习方法成为一种良好的习惯，那将是更高的学习境界
全国优秀教师王金战	未来的文盲就是那些没有学会学习的人。学习这件事，在今天显得越来越重要，如何才能学好，困扰了很多学生以及想帮助学生成长的家长和老师。如果学习一定有捷径，这条捷径就是掌握科学的学习方法

具备正确的学习心态

每次给艺博青少年做训练的时候，我都会问："学习快乐吗？"他们异口同声地回答："不快乐！"我又问："认为学习痛苦的请举手！"大多数学员快速且高高地举起了手。我再问："同学们学习是为了什么？"他们普遍认为：读书、学习是为了以后能更好地生活。即使不喜欢学习，家长也会逼着学习、哄着读书。家长经常告诉他们："少壮不努力，老大徒伤悲。"不想让他们在以后输给他人、被人鄙视、被人嘲笑……

现实中，我确实也经常听到一些父母对孩子说："你看那些学习好的同学，看他们的父母多骄傲，我们多没面子，甚至连家长会都不敢露面。""你想想，如果你不读书，你以后做什么工作呢？谁会嫁（或娶）一个一无是处、没有一技之长的人呢？如果你不学习会跟不上社会的发展，成为一个对社会、对家庭没有帮助的人，那么活在世上，又有什么价值呢？""如果学习不好，多对不起社会，对不起家长，对不起你自己的努力和付出。白白浪费了时间，还要承受同学之间的对比、父母的责骂、老师的批评！这种滋味真的不好受！"

其实，这些貌似有道理的话，才是真正摧残青少年的梦想，磨灭青少年意志的真凶！

追求快乐、逃避痛苦是人类的本能

积极的思考成就积极的人生，消极的思考造成消极的人生。积极的人在每一次困难中都能看到机会，而消极的人只能困于其中。

两个妈妈将孩子送去打篮球，一个孩子投了十个球进了九个球，一个孩子投了十个球却只进了一个球。投进一个球的孩子垂头丧气地从球场上走了下来，妈妈跑过去兴奋地拉着孩子的手说："孩子，你太棒了！你知道你刚才进的那个球有多帅吗？"妈妈当时激动地拉着身边阿姨的手说："那个进球的孩子就是我的孩子，我太为他骄傲了！"而那个进了九个球的孩子高高兴兴地从球场来到妈妈身边，他的妈妈却指着他说："怎么搞的，九个球都能进，为什么那一个球就没进呢？你就不能做到十全十美吗？做什么事，都是差那么一点点！"

那个进了九个球的孩子心里想：我这么努力都不能让妈妈满意，我可能就不是个打篮球的料。这个孩子从此活在挫败感中。而那个只进了一个球的孩子却在想：我一定好好练习，下次一定能进更多的球！于是进一个球的孩子不管是刮风下雨，还是烈日炎炎，都在练习打篮球，那个进了九个球的孩子则放弃了打篮球。

最终，那个进一个球的孩子在长大成名后与人分享时说道："就是因为我找到了那一个进球的快乐，并且不断地和快乐联结，才对篮球有了浓厚的兴趣。"而那个放弃篮球的孩子是因为找到了那一个没进的球的痛苦，不断地和痛苦联结，于是选择了放弃（见图1-2）。

那个只进了一个球的人就是迈克尔·乔丹。

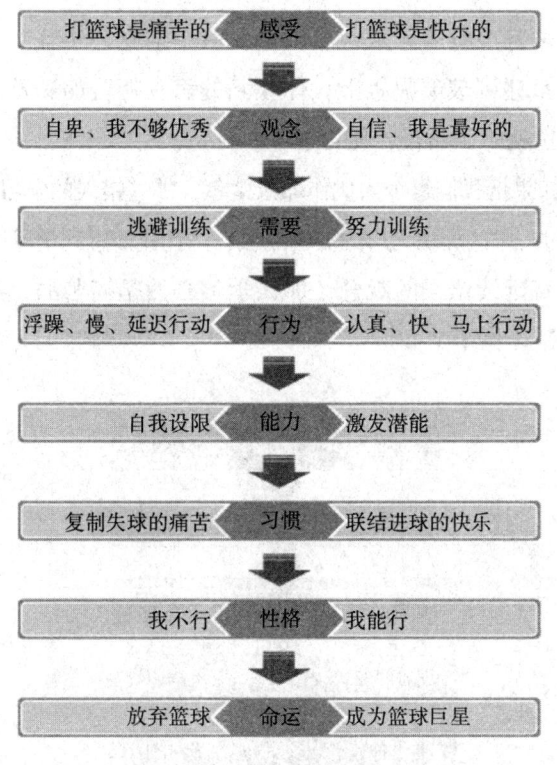

图 1-2　打篮球的成就对比

学习一定不是痛苦的过程

科学家曾经做过这样一个实验：首先，把一条鲨鱼和很多小鱼放进同一个水族箱中，很快，小鱼成了鲨鱼的美食。过了一段时间，科学家在水族箱中间放了一块透明的玻璃隔板，并将鲨鱼和小鱼分别放在玻璃隔板的两边。鲨鱼能看到小鱼，却看不到那块透明的玻璃隔板。鲨鱼每次想吃小鱼，头总是碰在透明的玻璃隔板上。十次、百次……终于，鲨鱼不再碰撞玻璃隔板了。当科学家取掉玻璃隔板后，惊奇地发现，小鱼自由自在地在鲨鱼旁游来游去，鲨鱼也不吃小鱼。

鲨鱼本来是小鱼的天敌，可以轻而易举地吃掉小鱼。然而，鲨鱼每次吃小鱼都碰到玻璃隔板上，体验到的都是痛苦的感觉。这让鲨鱼认为，吃小鱼就等于痛苦，便再也不吃小鱼。

其实，如果把我们每个人比作那条鲨鱼，那些错误的学习观念，就是我们在学习过程中的那块无形的玻璃隔板，是让我们感到学习痛苦的原因。

如果一直延续错误的观念，那么学习必然是痛苦的，我们只会选择被动和逃避（见图1-3）。

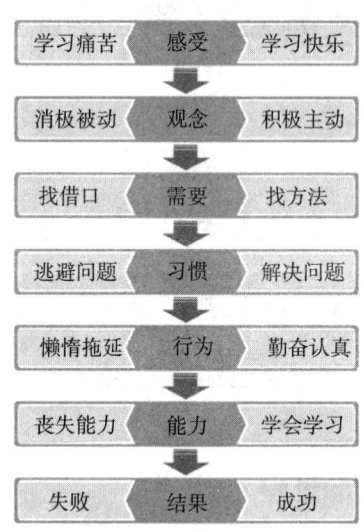

图1-3　行为产生的过程

过去不等于现在，现在不等于将来

在我们的生命中，有时候必须做出困难的选择，开始一个更新的过程。我们必须把旧的习惯、旧的传统抛弃，使我们可以重新"飞翔"。这就需要自我改变的勇气与再生的决心。

在我们的生命中，有时会遇到重大转折，是开启一个新的征程，还是静静地等待被淘汰？没有人能够随随便便成功！"艰难困苦，玉汝于成！""凤凰涅槃，浴火重生！"

记住：过去不等于现在，现在不等于将来！

你做好准备了吗？

"四问宝典"助力学习成绩突飞猛进

学习一定要有"四问宝典"

提到学习，很多同学都会感到头痛，认为学习是件比较痛苦的事情。每天除了学习就是学习，没有一点儿属于自己的时间。即使如此，学习中的问题还是层出不穷。其实，学习就是一个不断发现问题并解决问题的过程。不论是基础知识还是基本技能，都应当首先发现问题，把发现的问题逐个分析、解决，然后有针对性地反复练习，最后用回忆来检查效果。由此我们得出了解决问题的四步训练（见表1-3），即"四问宝典"。

表1-3　解决问题的四步训练

步骤	具体操作
一问：学习的问题有多少	在学习的过程中，通过科学的分析，把学习中的所有问题分类、分解出来；在解决问题的过程中做到心中有数，使复杂的问题简单化

（续表）

步骤	具体操作
二问：学习的问题是什么	把分解后的问题审视一遍，分清每个问题的性质、类型，以便能定出合理的解决途径
三问：学习的问题怎么解决	根据所有问题的具体情况定出解决方案。该问老师的问老师，该问同学的问同学，该理解的理解，该背诵的背诵，该做训练的做训练
四问：学习的问题何时解决	这是非常重要的一问，是问题能否被解决的关键。不少同学能做到前面的三问，唯独没有考虑解决问题的时间，致使想法成了空想，计划不能实现

养成习惯后，只要遇到问题，就进行以上"四问"，然后回答"四问"，问题自然就解决了。

一问：学习的问题有多少

大家都知道课堂是学习的关键时刻，但是有很多同学说："我一上课就犯迷糊，下课就清醒了。"也有同学说："我上课特别认真，老师讲的我都听明白了，而且做的笔记基本和老师的板书是一样的，为什么考试成绩总是不尽如人意呢？是不是我就不是学习的料？是不是我的智商没有别的同学高？"这些问题很多同学都存在，要想改变，轻松高效地学出好成绩，必须先发现学习的问题，再解决学习的问题，最后找到学习的规律。

问题一：怎样才能"听懂了"——课前预习

在学习新课之前认真预习、及时补漏，知道新课的重点、难点、疑点，搭建新旧知识的桥梁，使学习变得主动，为上课听懂打基础。

问题二：怎样才能"理解了"——养成良好的听课习惯

学会使用康奈尔笔记，应用五项全能听课法，使听课变得快乐而高效，达到听懂的目的。

问题三：如何做到"学会了"——课后复习

对所学知识进行查漏补缺，根据遗忘规律安排复习，应用一拖三复习法、四轮复习法达到理解的目的，通过练习为学会做准备。

问题四：如何做到"掌握了"——写作业、考试

运用五轮解题法、合理的审题步骤达到学会的目的。用好错题档案、归纳本，把错题集中起来，达到掌握的目的。

二问：学习的问题是什么

问题一：为什么不知道新课的重点、难点和疑点

课前没有预习。

问题二：为什么认真听了不能理解

知识之间是相互关联的，比如：老师讲"二元二次方程"，它是建立在"一元一次方程""一元二次方程"基础上的，如果我们对"一元一次方程"不懂或不理解，那么，听"二元二次方程"的时候，自然就不会理解。

问题三：为什么理解了学不会

有个有钱的地主，为了让自己的儿子有学问，以便将来继承家业，于是请了一位老师来教自己的儿子识字。

第一天老师写了一画，告诉他是"一"字；第二天老师写了两画，告诉他是"二"字；第三天老师写了三画，告诉他这就是"三"字。于是，地主的儿子扔下笔高兴得跳起来，对地主说："识字很简单，我都知道了！"地主听了儿子的话夸他真聪明，便把老师辞退了。

几天后，地主要请一位姓万的朋友来家做客，便叫儿子写请柬。儿子一大早就来到书房写请柬，大半天过去了，还是没有写完。地主着急了，不断地催他。儿子很不耐烦地嚷着说："姓啥不好，偏偏要姓万，我从早上到现在，才写了五百多画！"

理解了和学会了是两个概念，理解了不代表学会了。

问题四：为什么学会了不能掌握

出现这一问题，一是因为基础知识不牢固，二是因为不会应用记忆规律，不懂得考试和答题的技巧，没有养成试卷复查的习惯，没有掌握各科正确的学习方法。在预习时一定要准备一个归纳本，将不理解的问题记录下，形成自己的"知识负债表"。

三问：学习的问题怎么解决

（目标 + 计划）× 行动 = 成功

这一公式告诉我们，有了明确的目标，制订可行的计划，如果不去行动，那么一切都是零，只能成为"语言的巨人，行动的矮子"（见图1-4）。如果你只是个空想家，那么不论做什么事都是个失败者。这本书将教会大家实践和应用高效的学习工具、科学的学习程序，进行良好的心态管理。通过"自我诊疗"使我们用好习惯替代那些坏习惯，设立远大的人生目标，用积极的心态将"我不能"埋葬，用"梦想档案"增强学习的动力，用"制订目标法"开启我们智慧的大脑。

行动过程中的注意事项

不要把每日计划当成负担,树立做就比不做强的平常心。

学习是个日积月累的过程,在学习中最忌讳的就是"一曝十寒"和"三天打鱼,两天晒网"的做法,贵在持之以恒。

每天解决的问题不多,计划上有大量的空白,觉得内心不舒服而停止不做,这种心态是不对的。

坚持到底,先做够105天。在学习的路上,人的一生只有三天:昨天、今天和明天。昨天已经过去,从昨天得到的应该是一些经验和教训;明天还没有到来,谁也没有办法把明天的荣耀和失败拿到今天来享受和承担。失败者总是沉湎于昨天,寄希望于明天,而让今天匆匆度过,碌碌一生而无大成;成功者总是牢牢抓住今天,尽可能地为明天多做一些事情!

图 1-4　学以致用

四问：学习的问题何时解决

制订学习目标和学习计划

只有制订学习目标和学习计划，才能高效解决学习中的问题。

有同学说："我需要制订什么目标和计划呢？老师和家长都给我定好了，连作业我都应付不过来，根本就没有时间自己定目标和计划。"学习是你自己的事，不是老师和家长的事，只有你自己最了解自己。所以，自己的目标应该自己制订，你必须对自己的学习和未来负全责。

学习有计划反映了学习态度

制订学习计划不仅是一种学习习惯，更是一种学习态度。学习有计划是非常重要的，它可以帮助我们有条不紊地处理应该处理的事情。在通往轻松高效学习的道路上，没有条理、没有计划的同学，将会比有条理、有计划的同学学得更辛苦、收获更少，还有可能失去学习的兴趣。

制订学习计划，运用计划指导学习，这样才能真正成为学习的主人。学习有计划对于我们来说不仅是一种学习的习惯，更重要的是，它反映了我们的学习态度。

第二章

心态管理——心态决定一切

法则一：积极的心态

为何要有积极的心态

在这个世界上，大部分人的天资相差无几，各自的生活现状却千差万别。学习的过程也是如此，有的人越学越快乐，越学越进步。而有些人却越学越觉得乏味，越学越退步，最后千方百计地想放弃。

为什么有人害怕学习、逃避学习、厌倦学习呢？

其实，你觉得学习是快乐的，还是痛苦的，就是一个小小的感觉！

人类永远是追求快乐、逃避痛苦的。

人与人之间没有本质的区别。根本的不同，就是思维方式的不同。

有什么样的心态，你就会有什么样的观念。而观念决定着行为，行为会养成习惯，习惯塑造性格，性格决定命运！

由图2-1可知，你对待这本书的态度，会决定这本书对你的价值！

两个推销鞋子的推销员来到非洲。结果发现这里的人都不穿鞋子。其中一个叫苦连天，这么个地方鞋子怎么卖得出去呢？于是打包回家了。另一个却喜出望外，激动地说："如果所有的人都穿鞋子，那么我的市场该有多大啊！"

第二章 心态管理——心态决定一切

有两个秀才一起去赶考，路上他们遇到了出殡的棺材。其中一个秀才心里立即"咯噔"了一下，凉了半截，心想："完了，真是倒霉，赶考的日子居然碰到这个倒霉的棺材。"于是，心情一落千丈，走进考场，那个黑乎乎的棺材一直挥之不去。结果，文思枯竭，名落孙山。另一个秀才一开始心里也是"咯噔"一下，但转念一想："棺材。噢！那不是有'官'又有'财'吗？好兆头，看来我要红运当头了，一定高中！"于是他心里十分高兴，情绪高涨，走进考场，文思泉涌，果然一举高中。

回到家里，两人都对家人说："那棺材真是好灵！"

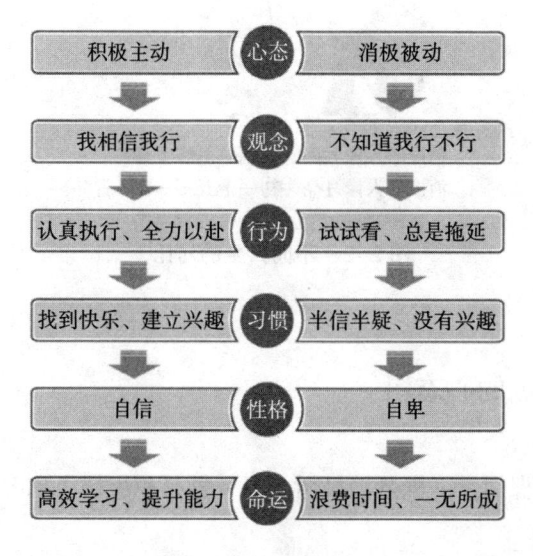

心态	积极主动	消极被动
观念	我相信我行	不知道我行不行
行为	认真执行、全力以赴	试试看、总是拖延
习惯	找到快乐、建立兴趣	半信半疑、没有兴趣
性格	自信	自卑
命运	高效学习、提升能力	浪费时间、一无所成

图 2-1　心态导向

两个推销员、两个秀才，他们所处的环境相同，经历的事件相同，为什么结果不同、命运不同呢？因为有人积极主动，有人消极被动（见图 2-2）。

积极的人像太阳，照到哪里哪里亮。
消极的人像月亮，初一十五不一样。

图 2-2 不同人生的对比

种下一棵积极的心态树

人生像两棵树，一棵是消极树，另一棵是积极树（见图 2-3）！

"消极树"上结满了34个果子：自满、侥幸、放弃、虚荣、无聊、自卑、虚伪、放纵、绝望、索取、自私、混日子、自大、气馁、怕苦、犹豫、冷漠、急躁、愤恨、找借口、浮躁、抱怨、拖沓、嫉妒、忧虑、易怒、懒惰、脆弱、被动、贪婪、狭隘、自闭、空谈、懦弱。

为什么失败？从古至今，失败的人总是和失败的习惯结下不解之缘！

"积极树"上也结满了34个果子：决心、爱心、合群、无私、自律、平常心、创新、进取心、宽容心、理解、幽默、领袖、责任感、信任、信心、务实、虚心、雄心、企图心、贡献、坚强、真诚、恒心、拼搏、豁达、乐观、开朗、成就感、果断、沉着、勇气、荣誉感、热情、激励。

成功在不同人的眼睛里标准是不一样的。但在任何一个领域，成功者都具备以上优秀的习惯。

两棵树，果子数量相同，质地不一，享用起来自然大相径庭。希望亲爱的同学们，可以把两棵树画出来，并将图画放在明显的地方，时刻对照并查看自己的言行，激励自己。

积极心态树
种下"积极心态"，收获34种积极的硕果

消极心态树
种下"消极心态"，滋生34种消极的苦果

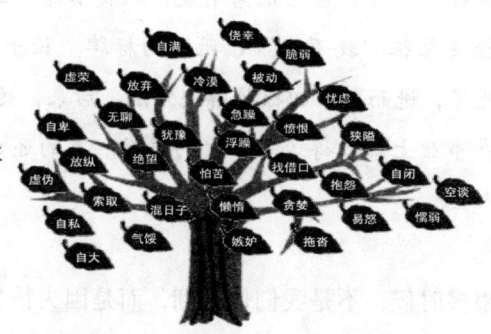

图 2-3　心态树

如何转换心态

为什么那么多成功人士能够把压力当成动力、把障碍当成最爱、把挫折当成存折呢？因为他们坚信障碍不是来阻挡他们的，而是来帮助他们成功的。

方法一：将"我不能"埋葬

无论做什么事情，不要说"我不能"或者"太困难"，你的态度将会决定你能达到的高度。

琳达是美国一所小学的一位年轻老师。她教学生第一堂课的内容，就是让学生在纸上写出所有自己认为"我不能"的事情。

孩子都低着头十分认真地写："我无法将足球踢进对手的球门。""我不会做 3 位数以上的除法。""我没办法让黛比喜欢我。""我仰卧起坐做不到 10 个。""我短跑的速度超不过比尔。""我不能只吃一块饼干就停止。"……等到所有的孩子都写满了一整张纸，琳达让他们把纸投入一个空的鞋盒内，然后带领大家到运动场的一个角落，用泥土把它们"埋葬"。

以后，每当有学生无意中说出"我不能"的时候，琳达便会指指墙上挂着象征"我不能"已死亡的标牌。孩子们便会想起"我不能"已经死了，进而想出积极的解决方法。后来，她所教的这个班的 31 名学生在事业上都取得了非常大的成功。有的还成为政治、经济领域的杰出人士。

很多时候，不是我们做不到，而是因为怕失败，于是，我们先给自己找一个理由、一个后退的台阶。当我们为"我不能"掘下坟墓，面前的困难就会迎刃而解，我们的未来也一定会充满阳光。

方法二：用梦想点燃动力

俞敏洪第一次高考英语只考了33分，第二次考了55分；马云第一次高考数学只考了1分。但这些都不妨碍他们继续为梦想努力，所以失败不可怕，考试更不可怕，可怕的是：你丢失了梦想！

有两个和尚，一个贫穷，一个富裕。
有一天，穷和尚对富和尚说："我想到南海去，您看怎么样？"
富和尚说："你打算怎么去呢？"
穷和尚说："一个水瓶、一个饭钵就足够了。"
富和尚说："我多年来就想租条船沿着长江而下，现在还没做到呢，你凭什么去?!"
第二年，穷和尚从南海归来，富和尚深感惭愧。

富和尚所占有的优势远远大于穷和尚，他富有，可以租船，穷和尚没钱，只能用双脚走路，靠化缘到达南海。可是穷和尚实现了去南海的愿望，而占优势的富和尚最终只有羞愧的份儿。

穷和尚与富和尚的故事说明了一个简单的道理：说一尺不如行一寸。

一次行动胜过千百遍的胡思乱想。不管你想得到什么，最重要的是积极地付诸行动。

有梦想才能有未来，连想都不敢想，或想了而不去做，是不可能成功的。

方法三：太好了

从前有位国王非常喜欢他的大臣，国王无论遇到任何事情，第一时间都是想见到他。因为这个大臣无论遇到任何事情都说"太好了"。

有一天，国王在舞剑时不小心把大脚趾给割断了，流了好多血。在最痛的时候，国王立刻想到了这位大臣，并把他找来。

国王说："我变成这个样子了。"

大臣说："太好了！"

国王鼻子都要气歪了，心想：我都变成这个样子了，你还说太好了。国王说道："你说什么？"大臣说："太好了！"

国王一气之下把大臣关到监狱里，心想再给你一次机会，如果你再说"太好了"，我还把你关进去，如果你说"不好"，我就放你出来。可是大臣依旧还是说"太好了"。

国王一气之下把大臣继续关起来，然后自己去狩猎。他独自骑马到森林深处，却迷路了。

这个时候，突然出现一群野人，将他的衣服全部扒光，扔在大木桶里面，开始给他洗澡，原来野人要吃了他。但是，野人们有个习俗，绝对不吃不完整的人，他们看到国王少了个大脚趾，就把他放了。

国王非常开心，看到自己的脚，边走边想，我的脚趾断得可真好！

国王回到王宫之后，第一时间想到了大臣，立即把大臣放了出来，并对这位大臣说："真的对不起，你说得真好，我的脚趾断得真是太好了，救了我一命。你生不生我的气啊？你怨不怨我啊？"

大臣说："太好了，太好了！"一副很开心的样子。

国王问："为什么？"

这位大臣说："国王，如果你不把我关进监狱里，你去狩猎一定会带着我。你对我那么好，我一定跟随你左右，被抓的就是我们两个，你没大脚趾我还有大脚趾呢。"

很多事情当时看起来"惊天地、泣鬼神"，或者压得你喘不过气，让你觉得当时就是末日。但是过了5年、10年、20年之后，这些事情还像当初你想的那样吗？所以，开心一点儿，快乐一点儿。其实，任何事情都是上天给你的礼物。

在你遇到打击和挫折的一瞬间，不妨对自己说一句"太好了"，就可以让你立刻从消极变得积极。比如：平时考试没考好，你可以对自己说："太好了，我找到了问题所在，终于可以解决这些问题了（见图2-4）。"老师或家长指责了你，你可以说："太好了，他们在意我，才指正我，这会让我成长。"作业很多，你可以说："太好了，这是一次挑战，我会高效、准确地完成！"

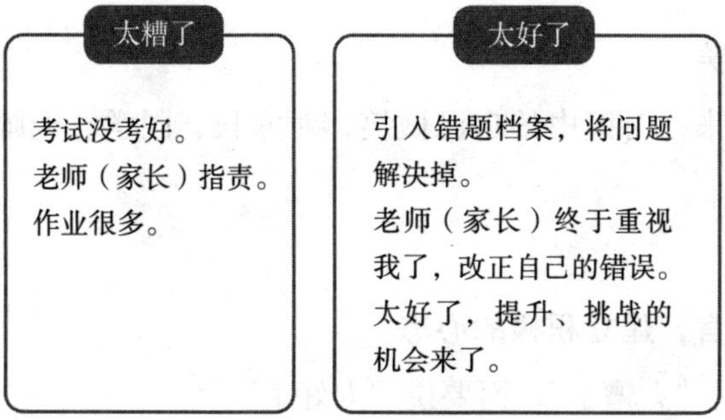

太糟了	太好了
考试没考好。 老师（家长）指责。 作业很多。	引入错题档案，将问题解决掉。 老师（家长）终于重视我了，改正自己的错误。 太好了，提升、挑战的机会来了。

图2-4　心态调整

方法四：正常和福气

我经常会在训练中问学员："今天我在上楼时摔了一跤，正常不正常？"

大家说："正常。"

"我今天丢了一百元钱，正常不正常？"我又问。

学员们继续说："正常。"

我接着问："今天我的课讲得不好，正常吗？"

学员们理解地说："正常。"

我反问："如果我没有摔跤呢？如果我没有丢一百元钱呢？如果我讲得很好呢？"

…………

我认为，那就是福气。

我们往往会同情别人、原谅别人，却很难原谅自己。记住，在这个世界上，你最应该原谅和讨好的人就是你自己！

当你把所有的事情都看成正常和福气的时候，你的心态就转向了积极的一面。

积极心态自我训练法

保持微笑

每天起来，对镜中的自己微笑，对家长、同学、老师微笑，让牙齿天天晒太阳。

改变语言，建立积极的心态

- 不要说"太糟了"，而要说"太好了"。
- 不要说"我不行"，而要说"没问题"。
- 不要唉声叹气，而要积极思考解决问题。

将你能做到的和你不能做到的写在纸上

参照表 2-1 的格式将你能做到的和不能做到的列到纸上，并按如下要求去做。

把积极的你能做到的每天大声念一遍。

把消极的你做不到的"埋葬"或认真地"销毁"。

表 2-1 自我检测

检测	能做到的	做不到的	下一步安排	个人心得
第一周				
第二周				
第三周				
总结				

注：每周检测一次，21 天为一个周期。

　　105 天会让你收获一个积极主动的自己！

法则二：自信是成功的第一秘诀

相信是一种力量

你的心里怎么想，生命就会怎么长。

在华沙，一群儿童正在草坪上嬉戏。这时，一个吉卜赛女郎走了过来。她托起一位小姑娘的手，仔细看了看说："你将会闻名世界的！"没想到，女郎的"预言"竟然应验了，这个小姑娘就是后来的居里夫人。

一个在冷冻厂工作的工人下班后被锁在冷库里，第二天人们发现他的时候，他已经被"冻死"了。令人惊奇的是，那天冷库根本就没通电，冷库里只是常温！

其实，世上并没有什么准确的预言，吉卜赛女郎给了居里夫人一种成功的信念。那个工人则是自己害死了自己，他望着被关死的铁门，心想："完了，这里零下几十度，我肯定要被冻死了！"这些都是心理暗示造成的，它能引导人走向成功，也能致人死亡。

毫不夸张地说，你想成为什么样的人，你就能成为什么样的人。一个人有了明确的目标后，会产生一种坚定的信念，并且不断激励自己朝那个目标前进。当然，并不是任何时候想成为谁就能成为谁，它的真正意义在于它所体现出的力量。爱迪生发明电灯泡时失败了几千次，但他还是坚持尝试。因为，他始终相信自己一定能办到。

一次在课堂上，我问一个非常不自信的同学："你不自信吗？"
他说："是的。"
我问："你真的不自信吗？"

他说:"真的不自信。"

我又问:"你肯定你不自信吗?"

他说:"肯定!"

我又问:"你坚信你不自信吗?"

他低下了头,轻轻摇了摇,说:"我坚信!"

我说:"你是个非常自信的人!"

他抬起头疑惑地看着我问:"为什么?"

我告诉他:"你肯定着、坚信着、毫不怀疑地自信着你是一个不自信的人,所以你是自信的!"一瞬间我清晰地看到,在他迷惑的眼神中,有了一丝亮光。

我又问他:"你学习好吗?"

他回答:"学习很差。"

我问:"有多差?"

他说:"非常差,全班后十名。"

我问:"还有几年高考?"

他说:"一年。"

我问"能考多少分?"

他说:"200多分。"

我问:"能考上清华吗?"

他这时不屑地看着我说:"不可能。"

我问:"坚信不可能考上清华吗?"

他说:"不可能!"

我又问:"你最爱的人是谁?"

他说:"我妈妈。"

我问他:"有多爱。"

他说:"非常爱。"

我说:"如果她受难了,你会为她做什么?"

他说:"一切,包括生命!"

我说:"听好,你的妈妈被绑架了,条件是,一年的时间,你必须考上清华大学!否则你最爱的妈妈就回不来了!告诉我,你能考上清华吗?"

他恨恨地看着我说:"能!"

我坚定地看着他说:"你不是说不可能吗?"

他说:"一定能!"

我问他:"怎么学?你基础这么差,全班后十名。"

他说:"我拼了,一定没问题!"

我问:"你找到自信了吗?"

他满眼含泪,坚定地点着头大声说:"找到了!"

一年后这个孩子高考538分,拿着录取通知书找我说:"谢谢,戴老师!"

自信的力量是不可抗拒的,它潜移默化地影响着我们的行为!这一年的时间他每天只睡四五个小时,脱离了网络,和曾经影响他实现目标的朋友断了联系,每天疯狂地学习,坚持做105天计划。当我问他是什么让他有这样的动力时,他高高地仰起头,自信地说:"当我想逃避、想放弃、想上网、经不起诱惑的时候,我就想起妈妈被绑架,而我又无助的样子。我恨自己过去不努力,但是我记住了您在课上说过:'只要起步,永远不算晚!'"我拥抱着他说:"记住,自信是一种力量!"

自信会激发我们强烈的企图心

每天清晨面对镜子,微笑着这样告诉自己:"我是最好的,我是最棒的!我喜欢我自己,我爱我自己!我是天赋潜能,独一无二的!"(见图2-5)

图 2-5 自我激发

有同学说："我不是最好的呀，我不是最棒的呀，那么多人比我优秀，这不是自欺欺人吗？"

乔丹在上高中的时候，他的教练告诉他："你身高不够高，没有超过 180 厘米。所以即使你球打得再好，以后也不可能进入 NBA，我们决定不要你这个球员。"

乔丹想："怎么可能？我未来是要进北卡罗来纳大学队的，怎么可能连高中的校队都进不去，你嫌我身高太矮？"

于是，乔丹跟教练说："教练，我不上场打球，可是我愿意帮所有的球员收拾行李。当他们下场的时候，我愿意帮他们擦汗。请你让我留在这个球队，跟这些球员一起练球，这是我要成功的企图心。"

教练发现乔丹的企图心的确超过了所有人，所以他接受了乔丹的建议。

有一天早上 8 点钟，篮球场的管理员跑去整理球场，发现有一个人倒在地上睡觉。他问道："你叫什么名字？"这个人说："我叫迈克尔·乔丹。我实在是太累了！"

第二章　心态管理——心态决定一切

乔丹早上练球，中午练球，下午跟着球员一起练球，晚上还要练球，他比任何人都要努力。后来，迈克尔·乔丹果然如愿以偿地进入北卡罗来纳大学队。

乔丹的父亲说他们全家人的身高没有一个超过180厘米，乔丹想要成功的企图心，让他愿意通过大量训练来增高，最终长到了198厘米。

假如你想要长高，却还没有实现，很有可能是你的企图心还不够。

生命的质量在于自我确认

美国专门研究智力的专家做了个试验，他们在某学校1000名学生中抽出20名学生，然后召集所有的学生来到操场上，校长宣布，经过最顶尖的研究天才的科学家长期的测试和研究，发现学校有20位天才，并把名单公布出来，然后让这20位学生站出来，让所有的同学都能看到他们。这20位学生当然很激动、很兴奋，"哇！我们是天才，而且是测试出来的"。

20年以后，这些人都长大了，这20个当时被称为天才的人究竟怎么样了？最后发现，这20个天才，有的成为顶尖的企业家，有的成为最优秀的职业人士，有的成为行业专家。

这20个人无论在什么领域，都不负众望，其表现都超出一般人，成为这所学校1000名学生中最卓越的一群人，因为他们走到哪里都会说"我是天才"。但是，当时他们并不是真的经过专业测试，那么，他们怎么会像天才一样取得卓越的成就呢？因为他们相信自己就是天才。

小时候，父母告诉我：人的体内都有一个勤奋小人和一个懒惰小人，当你犹豫不决时他们就会打架。小学时，勤奋小人经常把懒惰小人打得落花流水；初中时，就打成平手了；到高中时，就是懒惰小人经常获胜了。可是长大后，忽然发现他们不打架了，因为已经有一个小人被打死了。

乔丹的个子不如别人高，技术没有别人好，就是因为他相信自己是最棒的，才激发了自己的潜能。

居里夫人说："我们必须有恒心，尤其是要有自信！我们必须相信我们的天赋是用来做某种事情的，无论代价多么大。"

提升自信的 15 种方法

自信，是对自己能够达到某种目标的乐观、充分估计。美国作家爱默生说："自信是成功的第一秘诀。"可以说，拥有自信就拥有了无限机会。

那么如何提升自信呢？表 2-2 列出了提升自信的 15 种方法，供大家参考。

表 2-2 提升自信的 15 种方法

方法		具体操作
方法 1	列出自己的优点	在纸上列出你的优点，不论是哪方面（细心、眼睛好等，多多益善）。在从事各种活动时，想想这些优点，并告诉自己有什么优点。这样有助于你提升从事这些活动的自信，这叫作"自信的蔓延效应"。这一效应对提升自信效果很好
方法 2	与自信的人多接触	"近朱者赤，近墨者黑"，这一点对提升自信同样有效
方法 3	自我心理暗示	不断对自己进行正面心理强化，避免对自己进行负面强化。只要自己有所进步（不论多少），就对自己说："我能行！""我很棒！""我能做得更好！"这将不断提升自己的自信
方法 4	不可谦虚过度	谦虚是必要的，但不可过度，过分贬低自己对自信的培养是极为不利的

（续表）

方法		具体操作
方法5	树立自信的外部形象	首先，保持整洁、得体的仪表，有利于提升自信 其次，举止自信，如走路时抬头挺胸、目视前方、微笑等，刚开始可能不习惯，但一段时间后就会有发自内心的自信 最后，注意锻炼、保持健美的体形对提升自信也很有帮助
方法6	学会微笑	微笑会增加幸福感，进而提升自信
方法7	扬长避短	在学习、生活、工作中，抓住机会展现自己的优势、特长，同时注意弥补自己的不足，不断进步，肯定能提升自信
方法8	阅读名人传记	很多知名人士成名前的自身资质、外部环境并不好。多看一些这方面的材料有助于提升自信心
方法9	做好充分准备	从事某项活动前如果能做好充分准备，那么，在从事这项活动时，必然较为自信，而且这有利于顺利完成活动并提升整体自信
方法10	定目标	制订恰当的目标，在目标达成后，定更高的目标。但目标不能定得太高，如果达不到，对自信会有所打击
方法11	冒一次险	当做了以前不敢做的事以后，你会发现：原来这并没有什么了不起！这对提升自信很有帮助
方法12	排除压力	过重的压力会使人意志消沉，对自身产生怀疑，从而破坏自信心。学会排除压力对保持原有自信帮助很大
方法13	做自己喜欢做的事	做喜欢的事，会让人比较投入，也容易取得成功，继而产生成就感，这非常有利于自信心的提高
方法14	保持健康	注意全面的营养、经常锻炼身体、保持快乐的心境。拥有良好的生理、心理状态，使自己产生幸福感，进而提升自信
方法15	尽量依靠自己	有事尽量依靠自己解决，能不断激发自身的潜力，并且通过一次次的成功，不断提升自信水平

想想，如果你都不相信自己，谁又会相信你；你都不喜欢自己，谁又能喜欢你；你都不爱自己，谁又能爱你！

第三章

目标与计划管理——掌握成功的先机

目标和计划是成功的一半

没有目标，人类将失去方向

制订目标的意义：
- 目标可以使人产生积极的心态。
- 目标可以使人看清使命、产生动力。
- 目标有助于分清轻重缓急、把握重点。
- 目标使人产生信心和勇气。
- 目标使人自我完善、永不停步。
- 目标使人产生行动力。
- 目标有助于评估进展。
- 目标使人集中精力、把握现在。

越早树立目标，越早成功

哈佛大学曾进行过一次调查，对象是一群在智力、学历和生活环境等方面条件差不多的年轻人。调查结果发现：27%的人没有目标；60%的人目标模糊；10%的人有着清晰但比较短期的目标；其余3%的人有着清晰而长远的目标（见图3-1）。

25年后，哈佛大学对这群学生进行了跟踪调查。结果是这样的：

3% 的人，在 25 年间朝着一个方向不懈努力，几乎都成为社会各界的成功人士。其中，不乏行业领袖和社会精英。

10% 的人，他们的短期目标不断地实现，成为各个领域中的专业人士，大都生活在社会的中上层。

60% 的人，他们安稳地生活与工作，但都没有什么特别的成绩，几乎都生活在社会的中下层。

27% 的人，他们的生活没有目标，过得很不如意，并且常常在抱怨他人、抱怨社会、抱怨这个"不肯给他们机会"的世界。当然，也抱怨自己。

其实，他们之间的差别仅仅在于：25 年前，他们中间的一些人就已经知道自己最想要做的是什么，而另一些人则不清楚或不是很清楚。这个调查，生动地说明了明确目标对人生成功的重要意义。

目标是服务于未来的。没有目标，也就没有未来的方向。并且，目标一定要有其长远性，切合自己的实际。

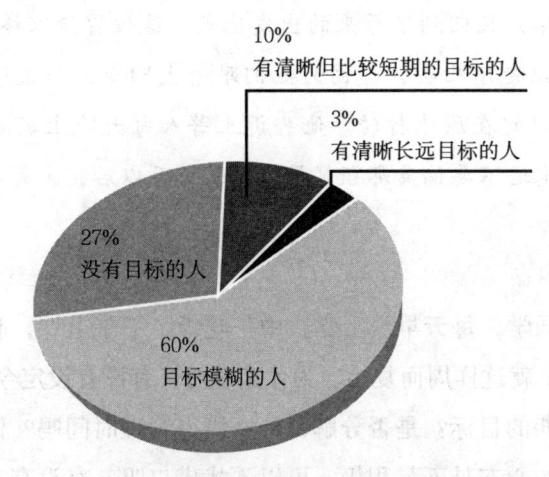

图 3-1　目标感人群占比

❯ 小测试

你有明确的目标吗?	是☐	否☐
你是没有目标的人吗?	是☐	否☐
你拥有目标但不具体和明确吗?	是☐	否☐
你拥有清晰但比较短期的目标吗?	是☐	否☐
你拥有清晰而长远的目标吗?	是☐	否☐

目标带你走出人生的沙漠

在非洲撒哈拉沙漠的深处有一片美丽的绿洲，里面居住的土著老百姓几千年来就没有走出过这片沙漠。他们尝试过无数遍，但就是走不出去。有一次，一位英国冒险家来到了这片绿洲，很奇怪这儿的老百姓为什么从来没有离开过这片绿洲。因为，他用了三天就从外面走了进来。

为了了解原因，他让土著人牵上骆驼，带上粮食，寻找走出沙漠的道路，他跟在后面进行观察。结果，土著人在沙漠中走了十五天也没有找到出路，又回到了原来的出发地点。这位冒险家终于明白了，土著人之所以走不出去，是因为他们跟着太阳走，一进沙漠就失去了方向，所以就在原地打转。他告诉土著人每天晚上朝着北斗星的方向前进，永远不要偏离那颗星星。结果三天以后，土著人就走出了沙漠。

大多数同学，每天早晨上学，中午吃饭，下午上课，晚上回家写作业、睡觉，就这样周而复始。为什么学习？有没有设定今天、本周、本月、本学期的目标？是否分解目标？懂得管理时间吗？做事情能不能抓住重点？心态是不是积极？可以不找借口吗？有没有在行动中反省改进，不断超越？这些都是需要思考的。

目标是行动的指南

有这样一个实验，将学生分为三组，三组学生要走到 10 千米外的一个地方。第一组学生不知道要走多远，只知道方向，结果走了还不到一半的路，就已经筋疲力尽了。哀怨、痛苦的声音此起彼伏，甚至有些人要放弃了。

第二组学生知道目标在哪里，却不知道自己要走多远。当参与实验的老师告诉他们已经走了一半路程的时候，他们没有了怨言，开始兴奋起来。因为一半的路程已经过去，终点就在不远处。

第三组同学一开始就被告知了目的地、距离，路上还设有路标。于是，他们有说有笑地走过了 1/4 路标、1/2 路标、3/4 路标（见图 3-2）……竟然就这样一路愉快地到达了目的地。

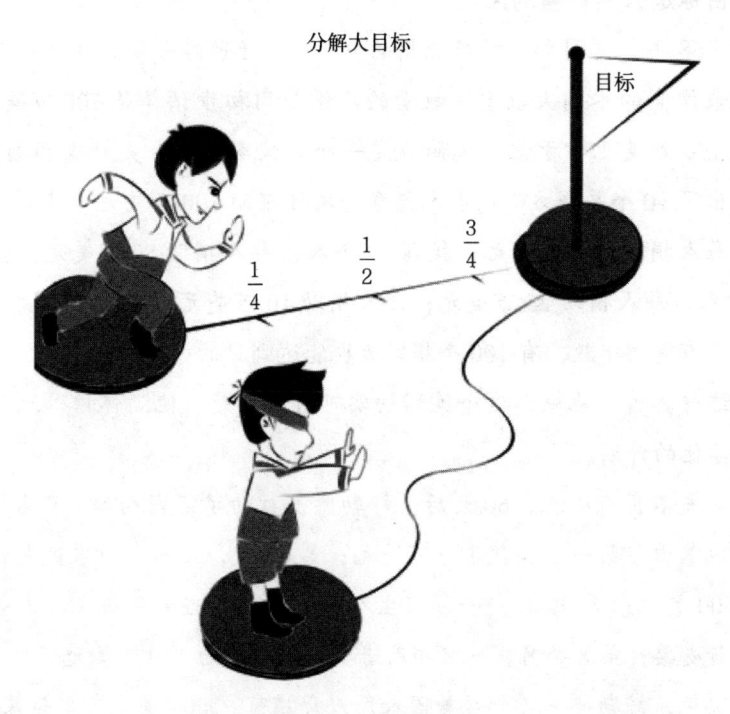

图 3-2　目标分解

1952年7月，弗洛伦斯·查德威克冒着伸手不见五指的茫茫大雾挑战卡塔林纳海峡。她在海水中坚持了16个小时，身体极度疲劳，大雾让她辨别不了目标，她的大脑一片空白。就在她距离目的地不到1海里的时候，她绝望了，实在坚持不下去了，于是她放弃了。

两个月后，她选择了一个晴朗的天气再次挑战卡塔林纳海峡。这次她成功了。

由此可见，弗洛伦斯·查德威克第一次挑战失败，并不是因为她实力不济，更多的是因为大雾使她看不到目标，从而失去了坚持下去的信心。

目标是开启智慧的大门

1968年，美国加利福尼亚州的罗伯特·舒勒博士梦想建造一座全世界最漂亮的水晶大教堂。教堂的建设费用初步预算是700万美元。虽然700万美元对于他来说简直是一个天文数字，但是他却很自信。他写出了10个募捐方案：有人愿意一次性捐助700万美元；找到7个人，每人捐助100万美元；找到14个人，每人捐助50万美元；找到28个人，每人捐助25万美元；每人捐助10万美元，找到70笔捐款；每人7万美元捐款，有100个捐助者也能达到目的……

这样算着，他感到这个策划切实可行。于是，他满怀信心地和别人分享他的计划。

功夫不负有心人，60天后，舒勒博士打动了富商约翰·可林，他慷慨地拿出了第一笔捐款100万美元；第65天，又有一对农民夫妇捐出1000美元；第90天，一位陌生人在他生日的当天寄来100万美元的银行支票；第8个月，一名捐助者要承担最后的100万美元。

次年，舒勒博士又号召美国人民以每扇窗户500美元为单位募捐，可以分10个月付清，每月50美元。就这样，在半年之内，1万扇窗户全部认捐完毕。

最后的募集总金额竟然达到了 2000 万美元。1980 年 9 月，历时 12 年，造价 2000 万美元的水晶大教堂竣工了。

正是有梦想的目标，有要实现目标的坚定信念，有为实现目标而千方百计寻求解决方案的毅力，才有了这个可以容纳 1 万多人，成为世界建筑史上的奇迹和经典的大教堂，才有了这个世界各地游客前往加州必然光顾的景点。博士的梦实现了！

目标可以让我们坚定信念，是开启智慧的大门。

不设定目标的理由

从小到大，老师或者家长都教育我们应该怎样设定目标，也许我们自己也希望为未来设定目标，可为什么还有那么多人过着没有目标的生活呢？

害怕失败

因为有了目标，就有人来比较、来检验。如果没有目标，也就无所谓失败，也就不必害怕失败。

害怕被人耻笑

因为这个世界上有太多人没有目标，所以当你有了某种目标，就会有很多人耻笑你，说你痴人说梦。

不知道目标的重要性

很多人不知道设定目标的重要性，也不知道人生价值的关键来自实现目标，更不知道目标是生命的转折点。

不知道设定和实现目标的方法

很多人不知道如何设定目标,即便有了目标也不知道用什么方法实现,更不知道如何分配时间去实现目标。此外,他们也不知道实现目标的过程中会碰到哪些障碍,当目标有了变化时该怎么办。

不知道自己的目标是否正确

很多人不知道自己设定的目标与自己的特点、能力是否契合,更无法判断通过自己的努力,目标是否能实现。

设定怎样的目标

酝酿远大的目标

有心理学家说过这样一句话:语言是任何天才均无法相比的魔术师,无论多么不利的状况,只要你运用积极的语言,就有可能改变局面,向好的方向发展。那么,同样的事,得到别人的鼓励,你就会用肯定的眼光去看待。

一位著名的心理学家曾到一所学校做过一个试验。他对一个班上的一些孩子说,你们是天才,智商非常高。又对另外一些孩子说,你们的智力水平一般。15年后,那些被认为是高智商的孩子果然取得了很大的成就,而那些被认为智力水平一般的孩子成就很一般。

后来,这位心理学家发表研究成果时说,其实,那些孩子的智力水平都差不多,那些被认为拥有高智商的孩子之所以能取得非凡的成就,就是因为接受了暗示——我是天才,因而在日后的生活中,他们时时处处以此为标准来要求自己,并且让自己不断地朝着更好的方向发展。而那些听到心理学家评价"智力水平一般"的孩子,认为自己智力水平不高，不可能取得很大的成就，也就甘心当平凡的人。最终，他们成了平凡的人。

心理学家随机对孩子们做出了评价，详见图3-3。

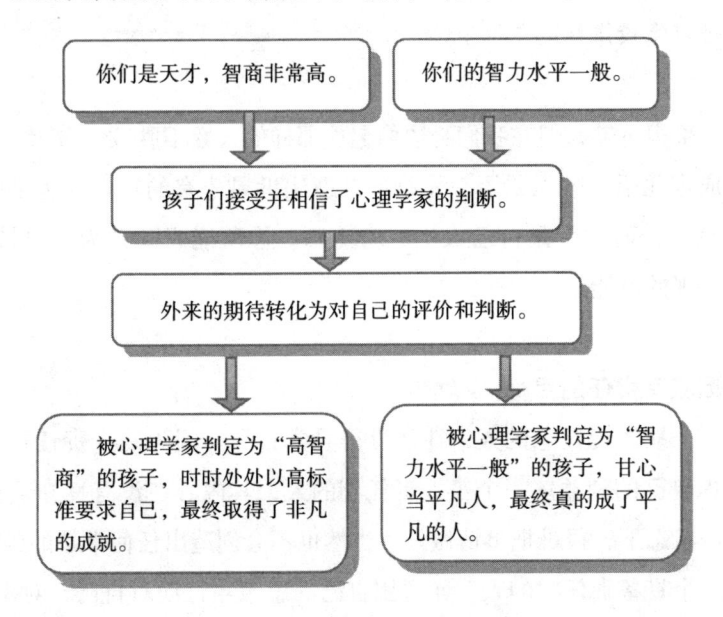

```
┌──────────────────┐      ┌──────────────────┐
│你们是天才，智商非常高。│      │你们的智力水平一般。│
└─────────┬────────┘      └─────────┬────────┘
          │                         │
          └───────────┬─────────────┘
                     ▼
        ┌──────────────────────────┐
        │孩子们接受并相信了心理学家的判断。│
        └─────────────┬────────────┘
                     ▼
        ┌──────────────────────────┐
        │外来的期待转化为对自己的评价和判断。│
        └─────────────┬────────────┘
          ┌──────────┴──────────┐
          ▼                     ▼
┌──────────────────┐   ┌──────────────────┐
│被心理学家判定为"高智│   │被心理学家判定为"智│
│商"的孩子，时时处处以高标│   │力水平一般"的孩子，甘心│
│准要求自己，最终取得了非凡│   │当平凡人，最终真的成了平│
│的成就。          │   │凡的人。          │
└──────────────────┘   └──────────────────┘
```

图3-3 语言评价对人的影响

酝酿从现在开始的目标

有的人因为自己某一方面不够好，就觉得自己以后不会有太大的成就，只能碌碌无为。如果你曾经有过这样的想法，那么，不妨从现在开始改变自己。

一个年轻的乞丐，终日懒洋洋地躺在地上，身旁放着一只破碗。每天都有很多人从他面前经过，有的人见他很可怜，就往破碗里丢几枚硬币。

一位律师找到乞丐，对他说："先生，您好，您的一个远房亲戚不幸去世了，留下了3000万美元的遗产。根据我们的调查，您是这笔遗产的唯一继承人，请您在这份文件上签个字，这笔遗产就属于您了。"一瞬间，这个人从一无所有的乞丐变成了富翁。

一位记者采访他："得到这笔3000万美元的遗产后，你最想做的事是什么呢？"这个人回答："我首先要去买一个像样一点的碗，这样我就可以像模像样地乞讨了。"

故事很可笑，但在我们身边像乞丐那样的人数不胜数。

成也咒语，败也咒语，咒语不是魔法世界才有的！人生也是一个魔法世界，而你就是自己人生的魔法师。你所能想到并为之坚持的，都有实现的可能。

酝酿有责任的目标

一个缺乏责任感的人，往往显得异常自私。因为缺少责任感，他只考虑自己的利益。一个丧失责任心的人，其内心在没有良知监督与鞭策的状态下，很难把事情做好，当然也不会创造出任何卓越的成就。

一个具备责任感的人，懂得用自己的思想与行动对自己、对家人、对社会、对未来负责。

我在训练时会问同学："你的目标是什么？"

有个同学回答说："我长大了可以帮父亲记账。"

尽管这个答案很现实，并不可笑，当时却惹得全场哄堂大笑。

因为目标太小、太自我将无法激起学习的斗志，这会让自己变得没有价值、懒惰、自私。

记得某位作家曾经说过，"懒惰尽管柔情似水，却常常把我们征服。它渗透进生活中、学习中的一切目标和行为，蚕食和毁灭着激情和美德"。

里兹做了一辈子木匠，以其敬业和勤奋深得老板的信任。年纪大了，里兹想退休回家，享受天伦之乐，虽然老板再三挽留，但是里兹去意已决。老板只好接受了他的请求，但希望他能再帮自己盖一座房子，里兹答应了。

盖房子的时候，里兹的心思完全不在工作上。他只想着如何与家人一起度过自己的晚年生活。在用料上，他没有原来那么严格，做出的木工活也全无往日的水准。老板看在眼里，什么话也没有说。等到房子盖好以后，老板将钥匙交给里兹："这是你的房子，我送给你的礼物。"

里兹愣住了，悔恨和羞愧溢于言表。里兹一生盖了无数精美的房子，最后却为自己盖了一座粗制滥造的房子。

酝酿伟大的目标

目标越伟大，越能使你百折不挠，对实现目标越渴望、信念越坚定，遇到困难时越不会轻易放弃。比如：

周恩来："为中华之崛起而读书。"

孙中山：首举彻底反帝反封建的旗帜。

诸葛亮："才须学也。非学无以广才，非志无以成学。"（出自《诫子书》）

12岁那年，周恩来离开家乡，来到了东北。当时的东北，是帝国主义列强在华争夺的焦点。他在沈阳下了车，前来接他的伯父指着一片繁华、热闹的地方，对他说："没事可不要到那个地方去玩啊！""为什么？"周恩来不解地问。"那是外国的租借地，惹出麻烦来可就糟了，没处说理去！""那又是为什么呢？"周恩来打破砂锅问到底。"为什么？中华不振啊！"伯父叹了口气，没有再说什么。

不久，周恩来进了东关模范学校读书。他始终忘不了大伯接他时说的话，经常想："租借地是什么样的？为什么中国人不能去那儿，而外国人却可以住在那里？这不是中国的土地吗……"一连串的问题使周恩来迷惑不解，好奇心驱使着他一定要去看个究竟。

在一个风和日丽的星期天，周恩来背着大伯，约了一个要好的同学闯进了租借地。这一带果真和别处大不相同：一条条街道灯红酒绿，热闹非凡，街道两旁行走的大多是黄头发、白皮肤、大鼻子的外国人和耀武扬威的巡警。

正当周恩来和同学左顾右盼时，忽然发现巡警局门前围着一群人，正大声吵嚷着什么。他们急忙奔了过去，只见人群中有个衣衫褴褛的妇女正在一旁哭诉着什么，一个大个子洋人则得意扬扬地站在一旁。一问才知道，这个妇女的亲人被洋人的汽车轧死了，她原指望中国的巡警能替她撑腰，惩处这个洋人。谁知中国巡警不但不惩处肇事的洋人，反而把她训斥了一顿。围观的中国人都紧握着拳头。但是，在外国的租借地里，谁又敢怎么样呢？只能劝劝那个不幸的妇女。

这时，周恩来才真正体会到伯父说的"中华不振"的含义。从租借地回来后，同学们常常看到周恩来一个人在沉思，谁也不知道他在想什么，直到在一次修身课上，听了周恩来的发言才解开了这个谜。那天修身课上，魏校长向同学们提出了一个问题："请问诸生为什么读书？"同学们踊跃回答，有的说："为做官而读书。"也有的说："为挣钱而读书，为明理而读书。"

周恩来一直静静地坐在那里，没有抢着发言。魏校长注意到了，打手势让大家静下来，点名让他回答。周恩来站了起来，清晰而坚定地回答："为中华之崛起而读书！"魏校长听了为之一振！他怎么也没想到，一个十二三岁的孩子，竟有如此伟大的抱负和胸怀！

他睁大眼睛又追问了一句："你再说一遍，为什么而读书？""为中华之崛起而读书！"周恩来铿锵有力的话语，赢得了魏校长的喝彩："好啊！为中华之崛起！有志者当效周生啊！"是的，少年周恩来在那时就已经认识到，中国人要想不受帝国主义的欺凌，就要振兴中华。

读书，就要以此为目标。

我们为了个人成就、为了家人幸福、为了生活而读书都没有错。但心中应该有为国家和民族的使命感，这样的目标会让你摆脱困扰，坚定向前。

酝酿能实现的且可执行的目标

很多同学说："我给自己定过目标，但对每次充满豪情壮志定的新目标都只有三分钟热度，不能持之以恒，反正都达不到，现在也懒得定新目标来打击自己了。"也许还有些同学会说："我制订的目标就是三年后考上高中。不过，后来我发现自己离这目标越来越远了，就越来越茫然了，不知道该怎么努力。"这样的情况在我们的学习生活中可能相当普遍。

那么，我们应该如何解决这些问题？答案就是，酝酿通过努力就能实现的且可执行的目标。

在一百多年前，有位穷苦的牧羊人带着他的两个孩子来到一个山坡上。一群大雁鸣叫着从他们的头顶上飞过，并很快消失在远方。

牧羊人的小儿子问父亲："大雁要飞往哪里？"牧羊人说："它们要去个温暖的地方，在那里安家，度过寒冷的冬天。"

儿子眨着眼睛羡慕地说："要是我们也能像那样飞起来该多好呀……"

牧羊人沉默了一会儿，对儿子说："只要你想，你也能飞起来。"

儿子牢牢记住了父亲的话，并一直向目标努力着、奋斗着。后来，他们果然飞了起来，因为他们发明了飞机。他们就是美国著名的莱特兄弟。

这个故事告诉我们，没有目标不行，光说不做也不行。只有经过不懈的努力，才能够成就理想。我们的目标不是凭空想象的，要基于现实条件，具体问题具体分析；不是豪言壮语，比如这次没考好，从今天开始我要天天通宵补习；也不是盲目指定赶超对象，比如，某某同学成绩比我好一大截，我的目标就是下次超越他。

如果你的目标只是一个你怎么跳也摘不到的果子，你终究会放弃它。

设定目标的具体训练方法

训练一：制订目标

> 假如不考虑失败，我愿意：
>
> 有一个什么样的人生？
>
> 在社会中扮演什么样的角色？
>
> 拥有什么样的未来？
>
> 达到什么样的成绩？
>
> 考到哪一个城市？
>
> 去哪一所大学？
>
> 将来从事什么工作？
>
> 带父母在哪个城市生活？
>
> 去哪里旅游？

展开这些梦想时，尽量放松，闭上眼睛。每个人都有梦想的权利，有些人想都不敢想，梦想能实现吗？只有当这些目标给你带来美好的感觉，你才会自动自发地开始行动。

训练二：对每一个目标，扪心自问

▶ 小测试

这真的是我的目标吗？	是□	否□
我真的热切希望实现它吗？	是□	否□

这个目标违背我的意愿吗？	是□	否□
与其他目标有冲突吗？	是□	否□
我是否愿意全身心投入？	是□	否□
想象达成目标的情形，使我愉快吗？	是□	否□

既然这是你的目标，那就一定要实现。前提就是要为目标设定一个期限，用期限来衡量目标的进展，激发向目标前进的动力。

训练三：正视实现目标的障碍

有了良好的目标、愿景和积极的心态，还必须正视在达成目标过程中的障碍，否则目标是无法实现的。看不到自身和环境对于实现目标造成的障碍，诱惑和借口就会毁掉你的行动。

你的缺点是什么？

这些缺点给你带来了什么样的劣势？

环境会影响你达成目标吗？

排除这些障碍的方法是什么？

如果不排除这些障碍会影响你实现目标吗？

如果不实现目标你会痛苦吗？

你需要外界给你什么样的支持？

木桶原理告诉我们：组成木桶的木板如果长短不齐，那么木桶的盛水量一定不是取决于最长的那一块木板，而是取决于最短的那一块木板，也就是说，构成组织的各个部分往往是优劣不齐的，而劣势部

分往往决定整个组织的水平。同样，能否做成一件事，往往不是看有多少条件可以利用，而是在于你能否克服成功路上的劣势部分。

训练四：将目标视觉化

将以上内容分解成表格就是目标计划了，再将这个计划分解到每年、每月、每周，然后将目标视觉化——制作梦想板，每天执行（见图3-4）。

从现在开始为自己制订学习计划，将来就会制订工作计划、事业计划。

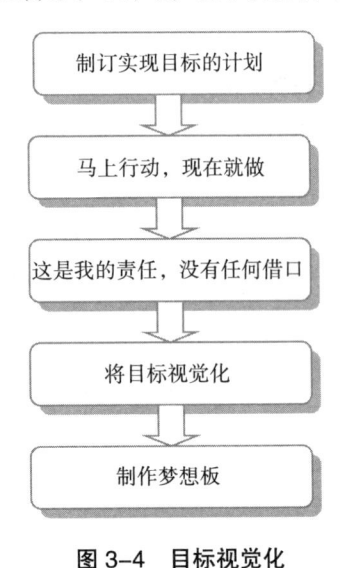

```
制订实现目标的计划
       ↓
马上行动，现在就做
       ↓
这是我的责任，没有任何借口
       ↓
   将目标视觉化
       ↓
    制作梦想板
```

图 3-4　目标视觉化

学习要有明确的目标

目标是学习的动力源

父子四人去草原打猎。

父亲问儿子："你们看到了什么？"

老大说:"我看到了我们的猎枪、大草原和草原上逃命的野兔。"
父亲摇了摇头,否定了大儿子的观点。
老二说:"我看到了您、大哥、弟弟,还有刚才大哥说的那些。"
父亲仍然摇头。
老三看着草原上的野兔,对父亲说:"我只看到了奔跑的野兔。"
父亲终于露出了笑容,点了点头。

这个故事想要告诉大家的是:只有时刻瞄准目标,专注于你真正想做的事情,心无旁骛,才会达成目标。学习就是这样,目标是学习的动力源。有了目标,解决学习的问题就有了方向和动力。

任何人都向往成功,希望自己能够达成目标,但到底什么是成功?并不是每个人都能说清楚的。其实无论何人,也无论他在世上停留过多长时间,都曾经成功过,只是他可能没有觉察到。成功是一种感觉,一种通过设定目标,为之付诸行动并得以实现后的感觉,是自我价值实现后内心的喜悦和满足感,也就是我们常说的成就感。比如:在父母的结婚纪念日、生日中,挑出一个距离现在最近的日子,写一份计划,在计划中写明什么时间、做什么事情、安排什么样的活动,目标是给他们一份意外的惊喜。按你的计划,这一行动获得圆满成功的那一天,你所感受到的幸福感、满足感,就是成功的感觉。

目标引领人生方向

英国人斯尔曼有严重的腿部残疾,但他从小就非常羡慕和钦佩作为职业登山者的父母。然而,父母在攀登乞力马扎罗山时遭遇雪崩,不幸遇难。但是,父母给他留了一份遗嘱,希望他能攀登世界上著名的高山,他毫不犹豫地将此锁定为毕生奋斗的目标。

历经多年对艰苦环境的适应和身体耐力的磨炼,他以不屈的意志,战胜了自身的残疾，在 28 岁的时候，先后成功登上了二老遗嘱中为其罗列的（包括世界屋脊珠穆朗玛峰在内）全部世界高峰。

在其登临最后一座山峰之时，全球媒体和热心公众纷纷对其身残志坚、勇于向极限挑战的壮举表达由衷赞美，并热切希望他能够创造其他方面的新纪录。此时，却传来了他在其公寓里自杀的噩耗。

斯尔曼为什么会自杀？人们议论纷纷，大惑不解。但看到他的遗书时，人们恍然大悟，他在遗书中写道："我的眼前至此已经没有高峰可再攀登，我感到前所未有的绝望……"

人的一生如果没有目标，将会深陷迷茫，所有的努力也会失去方向。即使到达成功的彼岸，也要不断寻找新的目标，否则，人生还会陷入迷茫之中。目标对人生有巨大的导向作用，人生中的所有成功，很大程度上都取决于一个人当初的选择。他选择了什么样的目标，就会有什么样的成就，就会有什么样的人生。同理，在学习中，有没有目标、有什么样的目标，决定了一个人的学习成绩。

目标给人以力量

有一年，一支英国探险队进入撒哈拉沙漠的某个地区。阳光下，漫天飞舞的风沙像烧红的铁砂一般，扑打着探险队员的脸。正在此时，更糟糕的事情发生了，大家带的水没有了。

这时，探险队长拿出一个水壶，说："这里还有一壶水，但穿越沙漠之前，谁也不能喝。"

一壶水，成了穿越沙漠的力量源泉，成了求生的寄托目标。水壶在队员的手中传递，那沉甸甸的感觉使队员们濒临绝望的脸上又显露出坚定的神色。

终于，探险队顽强地走出了沙漠，挣脱了死神之手。大家欢呼着，用颤抖的手拧开那支撑他们精神和信念的水壶，缓缓流出的却是满满的一壶沙子！

目标是人的行为所要达到的目的，是对未来的一种指向。一个人一旦确定了恰当的奋斗目标，就会激发出无穷的力量和极大的热情，就会促使自己甩掉一切包袱，克服内外困难，不遗余力地去达成这个目标。

目标产生的力量的确太神奇了！

目标铺就成功之路

对于学生来说，如果在学习中没有目标或目标不清晰，学业上就很难有所成就。很多学生都在学业中面临这样一种状态，当问他们学习的目标是什么时，很多人只会给一个模糊的答案，再问他们将来想考什么大学、想从事什么职业、想成为什么样的人时，仍是模糊的答案，或者很随意地说一个"随便"。

有一位多年来一直保持着马拉松运动项目最佳纪录的运动员，当人们询问其成功的秘诀时，他微微一笑："除了我自身的先天条件外，我有这样一个训练方法——就是心中不要老想着终点那个大目标，而是按途中建筑物将线路分割成若干个小目标，再陆续向每个小目标冲刺，成就感会不断地激发着我的冲劲、勇气和信心，最后……"

这个故事让大家明白，成功的道路是由目标铺就的。如前文所述，树立目标至关重要，但是在确立了远大的总目标之后，更智慧的做法，是将其分解成目前距离我们较近的若干个小目标。这样我们才能像那位马拉松运动员一样，不断地踏着自己小有成就的人生足迹，永不松懈地向更高、更大的人生目标冲击和进取。

学习也是这样，要懂得有效地运用目标分解策略。用最短的时间、以最快的速度掌握最近所学的内容，许多小目标的达成会使你赢得最后的大胜利。

目标使问题简单

每个人都需要动力，而目标就是人的动力。人有动力，很多问题就会变简单。人在不同时期会有不同的目标，作为中学生，你可以将目标分为：日目标、周目标、考试目标、学期目标、中高考目标。

有了明确的目标不但会指明学习的方向，还可以取得优异的成绩。明确的目标还有导向、启动、激励、调控、凝聚、制约等心理作用，对学习活动安排、学习成绩提高，都会产生积极的作用。

一旦树立了明确的奋斗目标，一切学习的问题都将迎刃而解，不同的只是方法和途径。但对于没有目标的同学来说，要静下心来好好想想，自己以后要过什么样的生活，要成为什么样的人，自己的梦想是什么。然后按照认定的路，一步一个脚印，不断地坚持、努力，重复一种行为，就会逐渐形成一种习惯，这种习惯就会衍生出相应的性格。什么样的性格就会造就什么样的命运，并由此形成一个"链条"。

重复成功的感觉，使成功成为习惯，目标终会实现。

实现目标三要素

西宁艺博少年姬同学说："上105计划高效管理课程的第一课就是学习认知与目标设定，当时我就制订了一个目标——期末考试要争做班级第一名。艺博老师对我的现状进行了分析，并且将我的目标进行分解，给出相应的学习策略，期中考试时我已经有了一定的转变。在学习过程中，我根据艺博老师讲的复习和总复习、归纳梳理错题档案和康奈尔笔记等学习方法，不但节省了学习时间，而且效果也很好。期末考试前，我又针对归纳本和错题档案，结合康奈尔笔记系统地将知识梳理、复习了一遍，在这次期末考试中，我考了全班第一名！"

通过姬同学的分享，我们明确了实现目标的三个要素：

一是目标一定要写出来。写得越详细，成就感就越强。

二是我的目标我做主。目标应该由自己制订，只有自己制订的目标才是最适合的，才能最大限度地享受成功。

三是在执行目标的过程中，要尽可能地按计划如期完成。保证行动的实效，才能更好地感受"自我价值"的实现。

表3-1是艺博少年在105计划高效管理课程中制订的学习目标，供大家参考。

表3-1 制订学习目标

长期目标	养成良好的学习习惯，全面提高学习能力，中考考入重点高中，超越或达到该校近三年的平均分数线		
中期目标（初二下学期）	1. 根据105计划高效管理课程，认真完成学校的学习任务 2. 利用艺博学习工具归纳本和错题档案将第一册和第二册的知识点构成知识网络图，达到熟练掌握的程度 3. 期末考试每门功课成绩提高五分以上		
短期目标	3月	根据一拖三复习法，边学新课边复习之前的内容	
	4月	在学新课的同时对第一册进行归纳本整理	
	5月	1日—10日	提高语文、数学的学习能力
		11日—20日	提高物理的学习能力
		21日—31日	着重复习英语语法知识并提高其他科目的学习能力
	6月	利用康奈尔笔记，结合错题档案和归纳本进行第二册的复习	

如何科学地制订目标

想让目标成为学习的动力,指引学习的方向,就要写出你的目标,说出你的目标或展示你的目标。拥有清晰而远大的目标,世界都会给你让路。表3-2是一份人生目标表,供大家参考。

表3-2 人生目标表

我的姓名: 　　　　　　　　出生日期:	
一、三个月的目标: 　年　月　日至　年　月　日	
1.	
2.	
3.	
二、六个月的目标: 　年　月　日至　年　月　日	
1.	
2.	
3.	
三、一年的目标: 　年　月　日至　年　月　日	
1.	
2.	
3.	
四、我的理想	
1.	我要成为一个
2.	我要做成
3.	我要过
我承诺:以上是我对自己生命所做的＿＿＿＿,我要付出我的全部来实现它。 　　　　我＿＿＿＿＿我一定能成功!	

主观学习目标

主观学习目标,一般是指在两三年或更长的时间中,你对自己在能力或成绩提高程度上的总体期待。比如，考入重点高中、大学之类的长期目标，或将长期目标分成几个阶段性目标，并且，会通过怎样的方式实现这些阶段性的学习目标。

制订适合自己的目标

目标定得过高，不切合实际，很容易半途而废，不但达不到预期的效果，反而会使信心受挫。反之，目标定得过于简单，无法起到激励作用，也失去了制订目标的意义。

时间宽松，任务轻松原则

很多同学在平时的学习中制订了不少计划，就是执行不了，时间长了反倒觉得不如不做。可行的计划是成功的保证，是养成良好习惯的必要条件，是"成就感"产生的根源。并且，可行的计划能让人感到轻松，容易在执行中产生自信和强大的前进动力。制订计划、执行计划、监督执行计划的人都应该是自己，那就把计划订得有效、可行，能让自己坚持完成。

学习要有合理的计划

正确认识计划

"知己知彼，百战不殆""未雨绸缪"，都包含做事之前做出可行的计划能提高效率和成功率的意思。那么，怎样才能做出可行的计划呢？

要想做出可行的计划，首先要知道计划执行的三个环节：
• 预计完成的工作量。

- 可以用来解决问题的时间。
- 执行计划者实际执行计划的能力。

执行计划的三个环节只有互相平衡，才能做出可行的计划。平衡这三个环节需要一段时间的锻炼，并非一时半会儿就能轻松做到的。尤其在刚刚制订计划的初期，由于对第二、第三环节缺乏预知能力，不是将来没有那么多执行计划的时间（这种情况往往出现在制订长期计划中，缺少对未来可支配时间的预见，没有考虑未来的不可抗力因素），就是在安排的时间内完不成任务，致使计划搁浅。培养这方面的能力应从做小计划起，从端正对计划的认识态度做起。

做时间的主人

人生中的有效时间

准备两张代表自己一生全部时间的纸条，按照下面的要求来做：

首先，拿出一张纸条将自己现在年龄之前的部分撕去。

其次，再将60岁之后的一段撕去。

再次，剩下的这一段短短的纸条，代表着我们现在所能抓住并能充分利用的时间。可是在这一段时间里，每年寒暑假、双休日、节假日近180天，因此再撕去这段纸条的1/2；每天睡觉约8小时，也不能工作或学习，再撕去剩下部分的1/3；吃饭、玩耍、娱乐、锻炼、休闲、生病、烦恼、忧愁、上下学交通、如厕等，耗时每天累计约6小时，再从剩余部分中撕去1/4。

最后，将手中剩余的纸条和另一张代表完整人生长度的纸条对比。

造成不同人生的原因

每一个人可用于工作、学习的时间基本相同，为什么有的人成就斐然，而有的人碌碌无为？

　　星期天，张瑞起床前就制订好了一天的计划：9点开始做数学和英语作业，之后写一篇议论文，然后用一个小时上网浏览一下本周的球坛情况，下午提早回校出板报。

　　9点钟他准时坐在书桌前，看着凌乱的桌面，心想不如先收拾整理，为今天的学习提供干净舒适的环境。半小时后书桌变得整洁了，虽然未能按原定的时间开始学习，但他丝毫不后悔，因为30分钟的清理工作很有成效。

　　于是，他满意地到客厅喝水，稍作休息。无意间拿起手机看到一则新闻十分有趣，便情不自禁地看起来，看了一则又一则，不知不觉已经10点多了。他为没履行计划而略感不自在，不过转念想想看报纸也是学习，于是就安心了。

　　好不容易开始做作业了，可不一会儿，好朋友来电话与他无边无际地聊了约30分钟。挂了电话，见弟弟在一旁玩游戏，便与弟弟一块儿玩起来，毕竟一个星期没与弟弟玩了……

　　很快到了12点，他心想写作文是颇费脑筋的，没有比较完整的时间是难以写好的，倒不如下午再好好写，于是就安心吃饭了。

　　午饭后，他就马上回到房间，满以为可以开始专心做作业了，但不一会儿，眼皮就开始打架，他想平常这时候也正是午睡时间，今天反正是星期天，就好好休息吧，养好精神可以提高学习效率，于是放心睡了。

　　一觉醒来已经是下午3点多，他果然感到精神充足。打开电脑上网，关机时已快5点。他想剩下的时间已不可能完成计划的事情了，就先做晚上要交的作业，作文要到下周一才交，第二天再作打算。

　　这一天，就这样结束了。

学习计划为什么总执行不到位

学习计划执行不到位的原因

著名的英国海军上将纳尔逊认为，他的成就归功于一点，就是他的"人生中从没有浪费过一刻钟"。时间的浪费不是一小时一小时地浪费掉的，而是一刻钟一刻钟地浪费掉的，而人的失败往往是一刻钟一刻钟的浪费造成的。

能珍惜时间，是聪明的表现。但珍惜时间，需要的就不仅是聪明，还有智慧。让我们立刻开始管理时间，做时间的主人吧！

学习计划是实现目标的关键

周博同学一直是同学和老师公认的好学生，他的学习秘诀就是在每一个学期开学前都为自己制订明确的学习计划。下面是他第一个学年的学习计划：

• 认真学好老师讲的内容，课外的时间主要用来学习英语和物理。

• 每日作息时间。早晨6点起床，跑步30分钟，背英语单词30分钟；上午上课，中午午休前回忆上午所讲的课程；下午上课，晚饭前自由活动30分钟，晚习到22点。

• 课外英语学习分成两条线。一是学习《经典英语1500句》，听广播，提高口语和听力水平；二是每天至少熟记15个单词，全年达到5000词汇量，并试图开始阅读较浅的英语刊物。

• 课外物理学习主要任务是拓宽视野，扩大知识面，阅读各类型的物理小册子，做阅读笔记。

随季节的变化，时间稍作改动，但学习计划的内容不变。

周博一直按自己列好的计划去做，按部就班地进行学习，在第一个学期的考试中，取得了全年级第一名的好成绩。

试想，如果我们每天说明天要跑 10 千米，而每天连门都不踏出一步，10 千米的目标怎么可能实现？

如何让目标成为现实？学习计划是实现目标的关键，行动起来，是实现目标的保障。

学习计划是实现学习目标的蓝图

你是否说过以下的话：

- "我从来没有想过制订学习计划。"
- "我经常把今天该完成的事拖到明天。"
- "周末，想好好进行总结复习，可结果往往是连动都没有动。"
- "我几乎没有休闲、运动和娱乐的时间，怎么学习时间还是不够用。"
- "我经常熬夜学习。"
- "状态好时，学习废寝忘食，状态不好时，我连书都不愿碰一下。"
- "我制订过学习计划，没有执行几天就荒废了。"

…………

这些现象说明学习无计划，只能使自己更累、更盲目！

学习计划是实现学习目标的一把利器，也是实现学习目标的一幅蓝图。每个人的学习环境、家庭条件、学习能力和学习目标不尽相同，因此没有一份计划表是适合所有学生的，要根据课程进度、学习规律、接受程度和掌握能力的不同适时调整计划。所以，制订学习计划的时候，一定要根据自身的实际情况，做出适合自己的计划。我会要求每一位学员根据每学期的课程内容和自己的实际情况制订一份学习计划。

制订学习计划不仅体现了对时间的重视，也体现了自己对待学习、生活的态度，对于莘莘学子来说更是不可或缺的。

制订学习计划的具体方法

制订学习计划，其中的关键是你一定要做时间的主人，要学会管理时间。因为，时间管理是学习计划能够完成的重要保证。

时间对每个人都很公平，为什么在同样的条件下有的人成功了，有的人却碌碌无为；有的人享受着时间带来的喜悦与收获，成为时间的主人，而有的人却被时间牵制，成为时间的奴隶。关键在于是否进行了科学的时间管理，这是人与人之间产生差距的根本所在，也是你能够在最短的时间内最高效学习、提高学习成绩的关键。

（1）长远计划和短期安排有效结合

学习既要有大目标，也要有小目标，这就意味着你在日常的学习过程中，既要有长期计划（见表3-3），也要有短期计划（见表3-4）。比如：将这一个月要做的事情，全部罗列出来，然后平均分成四周来完成，并规定每周完成的内容，再将该做的事情，分解到每一天。

表3-3 长期计划管理表

制订日期： 年 月 日　　　　　　制订人：

序号	计划目标	计划时间	重点	难点	解决方案	结果
1						
2						
3						
4						

当计划分解完成后，把每天的计划任务放到一起，当一天的任务圆满完成后，就在该天任务"结果"栏画一个"√"。如果该天任务只完成了一部分，要在"结果"栏写明未完成项目名称，并标注会在哪天处理，画五个"√"就完成了一周的任务。

表 3-4　短期计划管理表

制订日期：　年　月　日　　　　　　制订人：

要做的事		时间安排	重点	难点	解决方案	结果
序号	项目						
1						
2						
3						
4						
不应该做的事		为什么					
序号	项目					
1							
2							

随着每天的任务一个个地完成，学习热情也就会随之增加。当一张计划表执行结束，再回味执行中的各种感受，成功的喜悦就会在体内激荡。成绩提高了许多，自己的努力有了结果，这种无比自豪的喜悦会转化成进军下一个目标的动力。当你从内心愿意做这件事情时，这件事情的"苦累"就变成了"甜蜜"。

（2）妥善、合理地安排时间

完成计划一定要有时间保证，否则所有的计划只是纸上谈兵。因此，在制订学习计划时首先要对可利用的时间做合理规划和妥善安排。

小贴士

- 把每天上下学路上的时间，午饭、晚饭后休息的时间等零碎时间进行有效利用。

- 记单词要坚持利用好学习的每一分钟，而不是利用每一分钟去学习。
- 特别是在制订计划时一定要采用优先法，要确保计划的内容都是最重要的，时间是被高效利用的。比如，你今晚计划要完成五门功课的作业，那么你首先要解决最需要提高的那门功课的作业，因为这是你最薄弱的地方。一定要分清轻重缓急，做到强弱科目的合理搭配，把时间用到刀刃上。

事实上，学习时需要劳逸结合。学习并非花的时间越长收获越大，如果学习时间超出身体的负荷，会起到相反的作用。

安排时间的目的是节约时间，减少时间浪费（见表3-5）。没有时间计划，容易出现整段时间无所事事的情况。

表3-5　周时间管理计划表

制订人：

时间	星期一至星期五	星期六	星期日
6:10—7:00	英语单词记忆，英语听力练习	休息	
7:01—7:20	洗漱、吃早饭		
7:21—7:50	在去学校的路上听英语歌	英语听力、洗漱、早饭	
8:00—12:00	在学校学习	章节复习、作业、预习	
12:30—13:00	回家路上，回忆上午所学科目、吃饭	午饭、休息	
13:20—13:45	午休		
13:50—14:20	去学校的路上，听英文歌或记英语单词		
14:30—17:30	在学校学习	晚饭、课外拓展	晚饭、自我调整
18:00—18:50	与同学一起讨论或自己回忆今天下午所学内容、晚饭		
19:00—22:20	复习、作业、预习	习题检测	下周计划安排

（3）学习计划要全面完善

很多同学在制订学习计划时仅仅着眼于学习，为了尽快完成自己的学习目标，恨不得把所有时间都占用了，根本不考虑身体状况是否允许，更不会考虑休息、放松自己，甚至还会挤占睡眠时间。学习不是学习生涯的全部，计划里不仅要有学习时间，还要有运动时间、娱乐时间。

任何收获都是由两个方面决定的：一是时间，二是效率。有许多同学一放学回家就开始学习，一直学到晚上十一二点，甚至更晚，但成绩始终不尽如人意。有些同学却不一样，不仅有玩的时间，也有学习的时间，他们玩得高兴，学得轻松，成绩依然优秀，为什么？

如果一个人在最佳状态下，每小时学到的知识点为10个，那么根据小红同学的计划：8小时睡眠，2小时吃饭，1小时进行体育锻炼，可以保证平均每小时能掌握9个知识点，这样她每天的收获就是117个知识点。

9个知识点 ×（24小时 – 8小时 – 2小时 – 1小时）= 117个知识点

而小明同学在抢时间学习，每天只睡5个小时，2小时吃饭，没有锻炼，一直学习，导致状态不佳，每小时只能获得6个知识点，这样他的收获就是102个知识点。

6个知识点 ×（24小时 – 5小时 – 2小时）= 102个知识点

因此，制订学习计划一定要全面兼顾，不可顾此失彼。

（4）学习计划应用"限时效应"

同样的学校、同样的班级、同样的老师，为什么有些同学的作业效率非常低，耗时很长？为什么有些同学的作业效率很高，能有效地利用时间，原因在哪里呢？这里的秘诀就是"限时效应"。

前面提到的时间管理就是在为此做铺垫，不仅要有计划，而且要进行限时，适当给自己一点压力，让学习更有动力。

与其拿1小时的时间死记硬背，不如在自己的最佳记忆时间内花15分钟记忆，这样你就可以有效地节约45分钟的时间，获得15分钟大于60分钟的效果。因为每一个人的生物钟运行规律是不一样的，所以，每一个人的最佳记忆时间也不尽相同，这也是学习方法要因人而异的原因。假如规定每一科目的预习时间不超过5分钟，复习时间不超过8分钟，作业时间不超30分钟。如果超时，一定要分析超时的原因（见表3-6）。这样，有了时间限制，学习就会更加用心、更加专注，效率自然就会提高，从而达到高效学习的目的。

表3-6 日时间管理计划表

日期：

科目	项目	时间	结果	分析总结
	预习			
	复习			
	作业			
	预习			
	复习			
	作业			
	预习			
	复习			
	作业			
	预习			
	复习			
	作业			

（5）学习计划要分科制订

小学、初中、高中的课程都具有各自的特点和规律，只有根据自身的实际情况和各科的特点，制订适合自己的学科计划，根据自己的学习习惯和需要，将相应学科填写到表3-7中相应之处，才能有的放矢，各个突破。

表3-7 统筹计划表

制订人：

时　　间	星期一	星期二	星期三	星期四	星期五	星期六	星期日
__时__分—__时__分							
__时__分—__时__分							
__时__分—__时__分							
__时__分—__时__分							
__时__分—__时__分							

注意：
按需填写，相应时段。
统筹计划，认真落实。
主次分明，步骤清晰。
合理安排，事半功倍。

艺博少年李同学说："上了初中后，要学习九门功课，每天拿起这本忘了那本，不知如何是好。自从参加了高效学习成长训练营后，我每天以一门功课为主，辅以其他两到三门功课，达到了事半功倍的效果。这就好比做饭，一道主菜，配上两到三道辅菜，自然美味可口。因为英语是我的弱项，所以天天安排，这样我的学习思路一下就理顺了，先把多的时间花在主要科目上，零散时间用在学习其他科目上，学习很有规律，很有成效。"

小贴士

你可以尝试：

周一：以语文为主，英语、历史为辅。

周二：以数学为主，英语、生物为辅。

周三：以英语为主，语文、地理为辅。

周四：以物理为主，英语、化学为辅。

周五：以化学为主，英语、政治为辅。

制订计划的注意事项

今天是一条纽带，连着昨天和明天，只有把握好、利用好今天，才能巩固昨天已经学过的知识，也只有把握和利用好今天，才能为明天的学习打下坚实的基础。所以，在制订学习计划时要特别注意以下几点：

（1）当天的学习任务一定不能拖到明天

"明日复明日，明日何其多，我生待明日，万事成蹉跎。"最宝贵的就是时间，今天的学习任务一定不能等到明天。为了避免这一现象的发生，可以每天给自己安排一段时间，把当天所有的课程列一个表格，再把当天的学习内容和完成情况加以对照，并给自己评分，通过这种方式，就能快速地检验是否完成了当天的任务。

（2）限制追剧、刷视频、游戏、上网的时间

精彩的剧集、视频、游戏总给我们带来不小的诱惑，很多同学一拿起手机就是两三个小时，甚至更长时间。经常这样，不仅影响了学习，还影响了自己的身体。在面对这些诱惑时，我们要有节制、有选择。

（3）学习计划的内容要充实

学习的目标就是将要学习的知识全部掌握，所以在计划中要合理安排内容。为了听课，要计划预习；为了提高课堂效率，要记康奈尔笔记；为了将所学知识进行巩固，要在做作业前复习；为了高质量地完成作业，达到学习的终极目标，就要反复练习，不断归纳总结，积极面对所有的挑战。

第四章

学习工具——工欲善其事，必先利其器

工具一：自我诊疗

学习就像是一场摘果子的比赛。每位同学拿一个筐，一起去果园摘果子，最后谁摘的最多，谁就是优胜者。有的同学摘得非常快，可是他的筐下面有个大洞，他一边摘，筐里的果子一边漏，他却察觉不到，看到自己摘的总是比别人少，就以为自己摘得慢，或者不够努力。

岂不知，自己最大的问题不是比别人摘得慢，而是因为自己用了漏筐。学习也是这样，你平时学习的时间也不少，做题也比别人快、比别人多，为什么结果总是不尽如人意呢？就是你平时学习中存在的那些坏习惯，导致盛放知识的"筐"有了一个巨大的漏洞，你拿着一个漏筐摘果子，肯定存不下太多知识。

我们在平时学习中存在的坏习惯有不按学习程序学习，做题不认真，不设错题档案，学习步骤不清晰，不正确使用学习工具，以及听课不专注等。

🖊 小贴士

社会科学的运算法则，不同于数学的运算法则，在数学当中 100 – 1 = 99，而在社会科学中 100 – 1 = 0。这个算式的意思是，只要一个环节出了错，那么最后的结果也是失败。一个环节出错与通篇错误，其结果没有区别。

杜绝坏习惯，绝非一两天就能做到，必须有计划、有安排地做出努力。值得欣慰的是，改掉这些坏习惯并不难，不需要太多的技巧，而需要更多的耐力、坚持和时间。大量的科学试验证明：一个人形成一个习惯，不论好习惯还是坏习惯，最起码要把一个动作重复21天。也就是说，如果你想改掉一个坏习惯，最少需要坚持21天。

下面我们就来实践如何去除这些坏习惯。

首先，分析自己的情况，找出每一个坏习惯，然后认真地对照并填写自我诊疗表（见表4-1）。

其次，给你痛恨的坏习惯取一个名字，找出它发作的时间，时间一到马上能警惕，是它影响了你的行动，同时立刻给自己一个该去行动的暗示。坏习惯的危害一定要写出来，不要有"心里知道就可以"的想法，尽可能把坏习惯带来的危害、后果都写出来。你写得越多，对它的"恶感"越强，去除它的决心就会越大，内心得到的积极暗示也会越强。

最后，因为形成一个习惯的最短周期是21天，因此，要以一个星期为一个"疗程"，最少需要四个"疗程"。如果只执行了两个"疗程"，这个坏习惯是不会被消灭的，所以必须要坚持四周，恶习才会改善。如果坚持15周，坏习惯便会彻底根除，永绝后患。

填完自我诊疗表，问题就已经解决了一半。填写这张表可能会花费你一些时间，不过与可能取得的成果相比，是非常值得的。

表4-1　自我诊疗表

恶习名称	
发作时间	
恶习的危害	
诊疗方案	预计的"疗程"（为了便于操作，我们把一周作为一个"疗程"）
	具体"治疗"措施

工具二：演算纸

如何规范使用演算纸

数学、物理类科目的学习几乎所有的计算都离不开一张小小的演算纸，它可以帮助我们厘清思路、寻找解题突破口，尤其是对于基础知识比较薄弱或比较粗心的同学来说，演算纸就更为重要了。

语文、英语类科目的学习，也离不开演算纸。比如：英语、语文的作文，政治、历史的材料题，也要先将基本要点、结构列在演算纸上，这有助于写作或答材料题的连贯性和完整性。为了在平时作业或考试中充分发挥演算纸的作用，需要注意以下几个方面的问题。

演算纸应有区域划分

用演算纸时要按解题顺序，标清题号，遇到公式或关系式时要把它写出来，便于做完后检查。如果遇到电路图的考题，应在演算纸上画出电路图；遇到电路转换类型的考题，一定要画出不同情况的电路图。如果没有区域划分，一团乱麻，做完后想仔细检查，就很麻烦了（见图 4-1）。

演算纸要节省使用

通常考试只会给考生发一张演算纸，因此要懂得节省，合理使用。考试中经常会在整理草稿时得出答案，合理使用演算纸还可以及时发现问题（见图 4-2）。

总而言之，演算纸就像思考过程中的"履历表"，通过它你可以重新审视自己，认识更真实的自己。

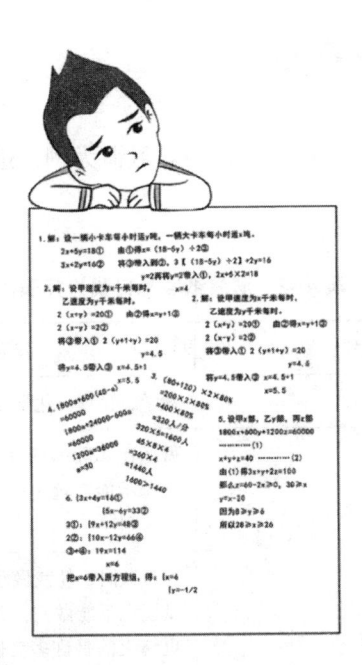

图 4-1 不规范的演算纸

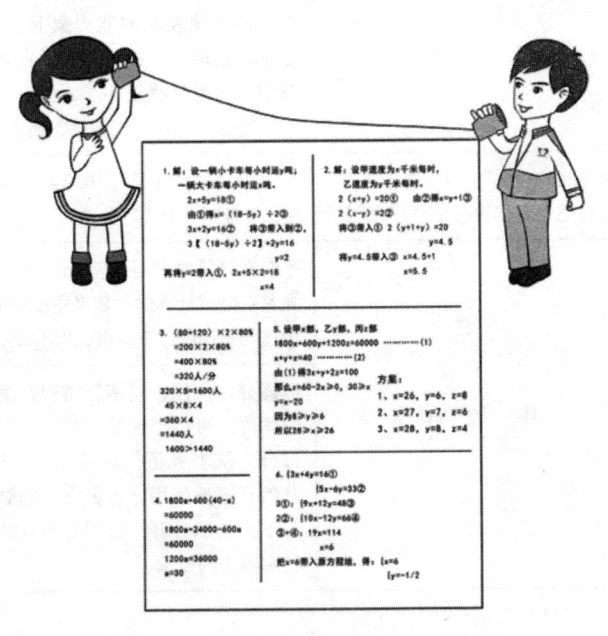

图 4-2 规范的演算纸对提升分数很有效

建立演算纸自我诊疗表

下面，我们以演算纸凌乱这一坏习惯为例，进行自我诊疗（见表4-2）。

表 4-2　演算纸凌乱自我诊疗表

坏习惯名称		演算纸凌乱
发作时间		数学、物理、化学作业的计算时
坏习惯的危害		做题比实际的计算速度慢很多，使我的作业总不能在规定的时间内完成，浪费大量的时间
		在考试时，使我做题的速度、准确度降低，试题也不能做完，做完后检查的时间不够，更恼火的是许多会做的题因演算凌乱导致看错信息而失分
		这个坏习惯使我的能力蒙上了一层阴影，总不能把能力发挥到极致，在将来的中高考中，如果仍改正不了，极有可能造成巨大的遗憾，此坏习惯不除，贻害无穷
诊疗方案	预计的"疗程"（为了便于操作，我们把一周作为一个"疗程"）	先解决两个"疗程"，即14天。具体日期：9月1日至9月14日
	具体"治疗"措施	平时在计算时书写工整，字体尽量小一些，尤其在竖式计算时，如果违反规定，马上把做过的题作废，重新做，做不好绝不罢休
		锻炼分区使用，使演算过程在演算纸上比较紧凑。可以把演算纸竖向对折，分成两部分。从上到下，从左至右，标清题号，井然有序地使用。每做完一题画一条横线与下面的题分开，慢慢练习，最后达到五轮解题法的要求

工具三：错题档案

建立错题档案自我诊疗表

表 4-3 是对没有错题档案这一坏习惯的自我诊疗，供大家参考。

表 4-3　错题档案自我诊疗表

坏习惯名称		没有错题档案
发作时间		作业和考试过程中出现的错题
坏习惯的危害		无法找到原因，不知道错在哪里，是怎么错的，应该如何改正
^		无法将时间和精力有效地放在自己不会的和做错的题上，浪费大量的时间
^		使我在考试中无法取得理想的成绩，错题档案是考试中的得分宝库，如果不及时建立，会影响中高考
诊疗方案	预计的"疗程"（为了便于操作，我们把一周作为一个"疗程"）	先解决两个"疗程"，即14天。具体日期：9月1日至9月14日
^	具体"治疗"措施	建立单科的错题档案，及时把学习过程中的典型题和精选题，作业中的难题和错题，考试中的错题和不会做的题，摘录到错题档案上
^	^	及时解决错题档案上所记录的问题
^	^	典型、精选的题要多遍复习

如何建立错题档案

建立错题档案的目的，就是不再让你连续掉入同一个陷阱，而是能够举一反三，从而提高解题技巧和思维能力。

建立错题档案是一个自我修正的学习过程，我们应该怎样建立错题档案呢？

错题，对于我们来说并不陌生，有人视它为宝，也有人认为错不足惜。究竟如何看待它，我们对待错题的观念是否正确？因为学习的过程，本来就是发现问题、解决问题的过程，所以，不能小觑它的存在。

几乎所有的老师都会强调错题档案的重要性，在对全国各地的高考状元进行采访时发现，他们几乎都有一个错题档案，而且还会很好地去利用它。在对一本线以下的同学采访时发现，他们同样也做错题档案，但是并没有很好地去利用它。在对三本线以下的同学做采访时发现，他们并没有收集错题的习惯，会把错题扔在一边。

对于错题的态度，将会直接影响我们的学习成绩。

错题档案应收录的内容

错题档案里应收录以下几方面的内容：

- 老师上课补充的、课本中没有的、有深度和难度的、比较典型及有代表意义的题。
- 自己平时在做作业过程中遇到的课本上没有的典型题。
- 在以往作业或考试中曾经做错的题，把正确答案写出来，在该题的后面写出出错原因，以备今后查用和总结。
- 把一些乍看上去非常简单，却一做就错，里面暗藏陷阱的题，记录下来，标上记号，每次考试前复习一下，避免一错再错。

建立错题档案的注意事项

建立错题档案时要注意以下事项（见表 4-4）：选择纠错的重点；明确错题的考点；找出知识漏洞，总结解题思路及解题方法。表 4-5 和表 4-6 是错题档案模板和具体用法举例，供大家参考。

第四章 学习工具——工欲善其事，必先利其器

表 4-4　建立错题档案的注意事项

注意事项	详解
选择纠错的重点	错题整理不是把所有的错题全部整理出来，一些简单的错误没有必要整理出来。主要整理的是理解、应用层次的考点，因为这一类的题技巧性比较强。比如：把 21 分解质因数 错解：$\begin{array}{r}3\underline{|21}\\7\underline{|7}\\1\end{array}$（$3\times7\times1=21$）
明确错题的考点	如果我们能从错题中找到相关的考点，将有利于提升我们的审题能力和分析能力。这就是我们分析出错原因的目的 错因分析：分解过程中商 7 已经是质数，却还用 7 除，导致最后的商 1 不是质数。另外在书写分解结果时，21 应该在等号的左边，除数和商以相乘的形式放在等号的右边 正解：$\begin{array}{r}3\underline{|21}\\7\end{array}$（$21=3\times7$）
找出知识漏洞，总结解题思路及解题方法	解题思路： 分解质因数时，短除式中的除数和商都不能为 1 不能把分解质因数的分解结果写成一个乘法算式 分解质因数时，因数不能为 1，因为 1 不是质数 解题方法： 枝状图式分解法 短除法

表 4-5　错题档案模板

科目：　　　　　　　　　　时间：

原错题	错因分析	正确解法
思考（多题一解，一题多解）		

表 4-6 错题档案用法参考

科目：　　　　　　　　　　　　时间：

原错题	错因分析	正确解法
把 21 分解质因数 错解： 3⌊21 　7⌊7 　　1 3 × 7 × 1 = 21	分解过程中商 7 已经是质数，却还用 7 除，导致最后的商 1 不是质数。另外在书写分解结果时，21 应该在等号的左边，除数和商以相乘的形式放在等号的右边	3⌊21 　7 21 = 3 × 7
思考（多题一解，一题多解）		
解题思路： 分解质因数时，短除式中的除数和商都不能为 1 不能把分解质因数的分解结果写成一个乘法算式 分解质因数时，因数不能为 1，因为 1 不是质数 解题方法： 枝状图式分解法 短除法		

高效使用错题档案

明确错题档案的作用和重要性后，相信有很多同学已经有点按捺不住，有立刻想建立错题档案的冲动。其实建立错题档案很简单，如何高效利用才是关键。

经常和它"约会"

建立错题档案，不是把错题记录下来就结束了，也不是每一个章节学完后拿出自己的错题档案草草浏览就结束了，这只是了解了错题的原因。正确而有效的做法是一个单元学习完了，把错题档案拿出来看看，回想做题时可能会出现的错解思路，再看看当时的错题原因分析，就有可能找到解决此类题型的新思路。其实当学完一段时间再回头看以前学过的知识时，角度不同，理解的层次就会不同，收获也会不同。

考试的得分宝库

不管面对什么类型或规模的考试，临考前拿出所有的错题，集中梳理一遍，有助于你将自己的漏洞及时补上，以最佳的知识储备迎接即将面对的考试。

分享得天下

不同的人有不同的想法，面对错题，不同的同学整理的错题也会不一样，其总结反思的广度、深度也存在一定的差异。毕竟面对每个知识的理解程度不一样，解题的思路和方法也会不一样。如果同学之间互相交换错题档案，通常能够获得不同的经验、教训和启发。

战胜自我，相信是一种力量

演算纸是学习工具，错题档案是学习程序，通过上述练习，现在的你，是不是已经会使用"自我诊疗"这一工具了？找出一段你自己能够支配的时间，自我审视一下，先找出一个"坏习惯"，然后开出自我诊疗的"药方"，再配合后面的105天学习成长计划付诸实施。

解决一个再诊疗一个，要积极但不可心急，更不可只说不练。

某人想练盖世武功，师父让他天天拍水缸，他拍了一周，觉得特别无聊。师父说："继续。"他又拍了半年，心想，这个老头就是在骗我，没有真功夫，浪费我的时间和精力，我不练了，于是拂袖而去。

回到家中，拍门。一掌，门碎！弟子哭回山中长跪。

什么叫相信？相信是指未看见任何结果时，你仍旧坚持。

"自我诊疗"实际上是用心理暗示挖掘自己的潜能。先找出存在的问题，再暗示有问题需要自己解决。然后，通过制订"诊疗方案"，实施时间管理和学习计划，促使自己去解决问题。成绩提高时，自己又得到进一步的心理暗示。这样一步一步往前走，就可以得到自己想要的结果。这就是"战胜自我，超越自我"的训练。

只要坚持下去，你就可以做得更好。身上的"恶习"一个个地被去掉，优点一个个地增加，各个方面渐渐趋向完美，做事岂有不成功的道理？

工具四：黄金5分钟

衡量时间的"尺度"越小，你就会发现可以利用的时间越多。如果你以课时为单位管理全天的时间，你会发现可学习的时间是11节课。如果以5分钟为单位管理全天的学习时间，你会发现时间更多，因为除了每节课内包含9个5分钟外，茶余饭后，上下学路上，都可以挤出不少的5分钟加以利用。划分的时间段越小，学习效率相对越高，成就感就会越强烈。

我们把学习时间之外利用的5分钟叫黄金5分钟。

每天多用几个这样的5分钟，每天就会进步几次，或者获得几个新的收获（见表4-8）。

表4-8 黄金5分钟

制订日期： 年 月 日　　　　　　制订人：

早上			回忆科目	解决方案	完成效果
序号	地点	时间			
1					
2					
3					
4					

(续表)

中午			回忆科目	解决方案	完成效果
序号	地点	时间			
1					
2					
3					
4					

晚上			回忆科目	解决方案	完成效果
序号	地点	时间			
1					
2					
3					
4					

每天比前一天多做一点点，哪怕只有1%也不要不以为然，你知道一年之后是多少吗？结果会让我们大吃一惊。

小贴士

5分钟那么短究竟能干什么？当我们合理、有效地使用时，我们会惊讶地发现：

5分钟居然可以把一个长度为20个单词的英语句子读30遍并背熟。

5分钟居然可以把一个化学反应方程式写60遍。

5分钟居然可以把"牛顿第三定律"读80遍。

5分钟居然可以把一篇300个单词的英语短文读两遍。

5分钟居然可以把一个难记的单词连写带读超过400遍。

5分钟居然可以在电脑上输入一篇500字的文章。

工具五：康奈尔笔记

使用康奈尔笔记把书由厚变薄

我国著名数学家华罗庚曾提倡读书要有两个过程，一个是"由厚变薄"，一个是"由薄变厚"。这其中首先要学会的就是把书"由厚变薄"。

那么，如何才能让课本由厚变薄？使用康奈尔笔记把书由厚变薄。

康奈尔笔记是沃尔特·鲍克教授于20世纪50年代设计的，这种方法是记与学、思考与应用相结合的有效方法。目的是帮助学生有效地做笔记，是做预习、听课、复习时的最佳学习工具。

🖊 小贴士

首先，在预习中对新课有了大概的了解后，就要在康奈尔笔记预习栏内记录下重点、难点（见表4-9）。

其次，听课时在听课栏内有效记录这些重点、难点分析的要点或过程。

再次，复习时在复习栏内简明扼要地记录知识点归纳、总结和梳理情况。

最后，利用听课栏中的有效记录，尽量完整地叙述课堂内容。并利用思考栏对所有记录内容进行浓缩和升华，起到促进和消化的作用，可以记录为快速检索的样式。

对所学内容有了更详细、透彻的了解，抓住其中的要点，掌握全

书的实质关联，这就使书变薄了。因此，变薄的过程不是学习的知识点变少了，而是把所有的知识点真正地消化了。之后，只要对每个知识点进行巩固复习就可以了。

表 4-9　康奈尔笔记

科目：		时间：
	预习	听课
我的重点		
我的难点		复习
思考：		

高效使用康奈尔笔记的要求

可以以一科为始，在这一科不断熟练的基础上，再应用于其他科目。在使用康奈尔笔记时，要善于运用符号标记重难点，如△、→、☆、!、○、√等，便于找出重点，加深印象。什么符号代表什么意思，最好形成一套比较稳定且易于自己识别理解的符号系统。表 4-10 中列出了使用符号记录的注意事项，比如要整齐、善于选择、用自己的语言等。

表 4-10　使用符号记录的注意事项

注意事项	详解
整齐	整齐的符号可以节省时间，鼓励你不断学习，便于你更清楚、更迅速地回忆学习时的情景，千万不要胡写乱画，否则会影响以后的复习和应用
善于选择	符号不宜过多，否则容易使记忆负担过重，同时也容易加重你的思维负担；符号也不宜太少，否则在复习时找不到重点内容
用自己的语言	自己的语言代表自己的思想，便于复习时给自己有益的提示

为了巩固康奈尔笔记这一学习工具给我们带来的效果，还需要经常对笔记进行整理，使之成为比较系统、完整的参考资料。康尔奈笔记的整理方法有忆、补、改、舍等（见表 4-11）。

表 4-11　康奈尔笔记整理方法

整理方法	具体操作
忆	课后抓紧时间，趁热打铁，对照课本、笔记，及时回忆有关信息，这是整理康奈尔笔记的重要前提
补	在回忆的基础上，及时修补在课堂上来不及做的笔记，使笔记更完整
改	仔细审阅康奈尔笔记的记录，对错字、错句及不够确切的地方进行修改
舍	舍弃无关紧要的笔记内容，使笔记简明扼要

工具六：归纳本

有人把学习比作马拉松，每到一个阶段就要寻找新的目标。寻找新的目标，是为了下一段路程跑起来更有力量，更加轻松自如，学习中也要尝试为自己寻找新的"起点"。那么，归纳本就是你为自己寻找的"新起点"。

如果错题档案每天记录的是学习中的精华,归纳本便是错题档案的升华。

顾名思义,归纳本就是知识点的归纳总结。有些同学说:"我在康奈尔笔记的复习栏已经将每天所学知识进行归纳梳理,有必要一遍一遍梳理吗?"非常有必要!因为康奈尔笔记只是将每天课堂上老师讲的知识点进行归纳总结,是点的集结。归纳本则是将这些"点"串成"线",建立知识架构的过程,能更有效地帮助你提高学习效率。

小贴士

研究表明:学生自主学习水平的高低是影响成绩最重要的因素,而且对其将来的发展也将产生深远的影响。归纳本是新课程改革后强调学生自主学习的三种学习方法之一。

归纳本通过分类抄录、分类整理,使同类知识点集中在同一个本子上(或者使用卡片分类抄录)。为了便于日后按需索取,所以,归纳本(卡片)一定要纲目清晰。归纳本(卡片)是非常快捷好用的提升学习效率的有效工具。

现在行动,开始归纳,积少成多,使归纳本充分展示它的价值。

如何建立归纳本

在学习中,知识点多、零碎、分散,不少学生觉得有些学科易学但题难做,这就是课后没有对知识进行及时整理和归纳,导致越学越乱,或者越学越难的原因。久而久之,便会感到学习困难,从而失去学习的热情和兴趣。

归纳本可以为学生搭建一个自主学习的平台，构建知识的架构，也是使学生将知识内化、融会贯通的过程，使学生学习变得轻松高效。

归纳本一般包含三种知识类型（见表4-12）：基础知识归纳、重要知识归纳和习题归纳。

表4-12 归纳本

科目：

时间	类型	归纳内容
	基础知识归纳	
	重要知识归纳	
	习题归纳	

归纳总结

基础知识归纳

一个章节学习结束后，打开康奈尔笔记，从复习栏开始，把一个章节所学的知识点有条理地罗列出来，再用回忆法将各个知识点进行归纳，并有序地串联起来。以英语为例，名词分为专有名词和普通名词，普通名词又分为可数名词和不可数名词。可数名词的复数变化又分为规则和不规则。常见的规则变化有四种：第一种直接加s；第二种以s、x、ch、sh结尾的加es；第三种以y结尾，元音字母加y结尾的直接加s，辅音字母加y的变y为i加es；第四种以f、fe结尾的，把f、fe变v加es。

归纳最重要的意义是帮助你把课本读透，这就要求你首先要有一个翻书的过程，然后再通过康奈尔笔记对同一个知识点进行比较。这样一来，你就可以更好地掌握知识点和厘清解题思路。

如果每学完一个章节就总结，等到运用的时候就很轻松了。

习题归纳

将错题档案的错题、好题、经典题全部归纳在一起，再写出每道题目的关键，然后对照错题档案里出错原因进行分析，并标明是哪个知识点的缺漏造成的。知识都是环环相扣的，只有不断地将所学知识点"扣"在一起的时候，学习的内容才会越来越少，学习才会越来越轻松。

重要知识归纳

所有的知识，即使它再重要，只是学了不用，也不会有任何结果。因此，在一章节学完后，一定要对这一章节的重要知识点进行梳理、归纳和总结。

建立归纳本的优势

归纳本是课堂学习和课后总结的填缝剂，它可以弥补很多学习中的漏洞。归纳本的优势也很多（见表4-13），比如形式多样、因人而异。归纳本的目的就是提高学习效率的，不能拘泥于形式，毕竟归纳本的使用方法很多：列举法、列表法、提纲法、数轴法、比较法、作图法、问题讨论法等。你可以根据不同的学科内容运用不同的方法，只要自己喜欢而且适用就好。

表 4-13　归纳本的优势

优势	详解
形式多样，因人而异	按你所想的方式写，可以多角度，采用不同的方法，使你能够找到一套适合自己的学习方法
灵活方便	归纳本不像作业要配合教材使用，它在任何环境中都能派上用场
实用有效	按自己的方式总结知识，很有针对性，有助于考前复习
培养能力	培养总结、纠错、归纳和应用等多种能力和习惯，将会成为你一生的财富
促进交流	为同学之间和师生之间交流搭建平台，为某个知识点不断深入探讨提供机会，促进师生、同学间情感的良性发展

发挥归纳本的最大价值

究竟如何才能发挥归纳本的最大价值？以下几点值得我们借鉴：

小贴士

每周末抽出两个小时尝试回顾，一周学习的知识点有哪些，再打开康奈尔笔记，与归纳本进行对照，看看你还遗漏了哪些知识点，这就将康奈尔笔记与归纳本相互连接上，有助于你把课本读薄、读透！

考试前复习时对康奈尔笔记和归纳本进行有效利用，有助于更好地构建知识网络。

表 4-14 以英语语法学习的代词为例，尝试将归纳的知识点形成知识网络图，供大家参考。

表 4-14 人称代词和物主代词

分类		单数			复数		
		第一人称	第二人称	第三人称	第一人称	第二人称	第三人称
人称代词	主格	I	you	he/she/it	we	you	they
	宾格	me	you	him/her/it	us	you	them
物主代词	形容词性	my	your	his/her/its	our	your	their
	名词词性	mine	yours	his/hers/its	ours	yours	theirs
反身代词		myself	yourself	himself	ourselves	yourselves	themselves
				herself			
				itself			

注意：人称代词和物主代词不要混淆了。

工具七：知识负债表

对于一些应该学会并掌握的知识没有做到学会和掌握，或者没有完全做到学会和掌握，视之为"负债"。"负债"越多，表明知识的漏洞越大，弥补的必要性就越大。你可以为自己建立一个对所学知识梳理的"知识负债表"（见表 4-15），以便时刻清楚地看到自己的"负债"情况，并明确自己的"负债"，从而保持危机感。想办法给自己施加压力，一旦你从压力中挣脱出来就会有"痛快"的感觉。没有"压"就不会产生"力"，如果不深切地体会"痛"，就不可能充分地享受"快"。

首先，随时将学习当中遇到的问题记录在知识负债表中。一定要牢记：这个本子必须随身携带，不论哪一科，只要一遇到问题，就马上记录在知识负债表上。我们每天做大量的练习，自然会遇到问题，如果不马上记录下来，很可能这个问题还没来得及解决，就会遇到新的问题，还容易把这个问题忘记，导致我们把问题带到中考或高考的考场上，影响成绩。

表 4-15　知识负债表

科目：　　　　　　　　　　　制订人：

时间	章节	单元	负债内容	是否解决

其次，把记在知识负债表中的问题标上记号，经常翻阅，以便确保每一个问题得到及时解决。如果没有知识负债表，就很难做到这一点。

最后，知识负债表配合时间管理和错题档案一起使用，把遇到的问题根据其所属科目、所在章节、问题名称或内容填入该表。当问题解决后，就在"是否解决"一栏画上"√"。

工具八：树形网图

有的同学在学习时，只是一味地死记硬背。记住的知识点，在头脑中非常凌乱，一遇到综合性强的题，就理不出头绪，这在试卷上的表现就是：假如这个题需回答五个知识点，他只答了其中三个知识点。尽管这三个知识点答得非常详细，仍不能得高分，因为还缺少两个知识点。造成这一现象的原因就是对知识点没有进行树形网图的整理。

  学完一节的知识便进行整理,形成树形网图。每次读课本获得的新的收获,或者在复习过程中注意到的以前没有注意到的但又非常重要的内容"镶嵌"进这张网图中。"收获"会不断地使"网"越来越大,网点越来越密,直到最后把整节的全部内容囊括进去,做到"查漏补缺"。

  以此类推,就能得出一整本书的树形网图。图 4-3 便是关于英语语法的树形网图,供大家参考。这样,展现在你面前的不再是厚厚的一本书,而是像一张地图平铺在眼前,每个知识点在书中的位置都看得见、摸得着,仿佛苍鹰在天,鸟瞰大地。当这张树形网图直观地陈

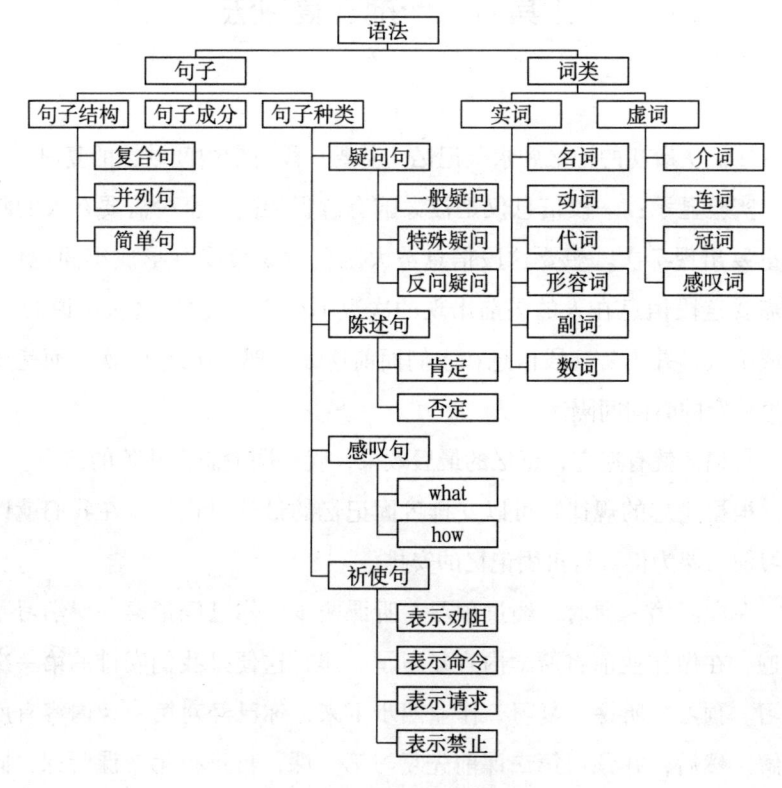

图 4-3 英语语法树形网图

列在你面前，只要不断地复习，它就会在你的大脑中扎根。教育家叶圣陶先生曾说："老师的教是为了不教。"

你应该学会使用树形网图，以便在学习中边收集知识点，边向网图中添加知识点，学习完之后，网图也做好了。复习时不断查阅网图上的知识点，然后再把新的知识点放到它应该放的地方，这就像往仓库里搬东西，搬来一批，马上放到合适的位置，摆放整齐，再去搬下一批，一定会比先搬来随地乱放、搬完后再重新整理这个方式要好。

平时注意做树形网图，到考前复习时，自然是轻车熟路，得心应手。

工具九：一拖三复习法

知识从最初的记忆到永久记忆，需要一段时期内间歇性的复习。

实验显示：一段信息仅是被大脑有意识接受，至少需要在人的眼前重复出现7次。想要这段信息被大脑无意识接受并形成牢固记忆，则需要这段信息在人的眼前出现的次数不少于13次。这里所说的13次或7次，并不是这段信息在人们面前连续出现7次或13次，而是要经过一定的时间间隔。

有记忆就有遗忘，记忆的最后效果，就是同遗忘做斗争的结果。

根据遗忘的规律，可以安排巩固记忆的最佳时机。现在我们就以学习前六课为例进行巩固记忆的安排。

在学习第一课时，经过预习、听课两步，你已经把第一课学习了一遍，在做作业前将所学内容复习了一遍，这便是我们安排的第一次复习。预习、听课、复习、作业四步下来，你已经对第一课内容有所了解。然后，在预习第二课前先复习第一课，再进行第二课听课，同样第二课要在做作业前复习一次。此时，第一课已经复习了两遍。

等到预习第五课前，你已经把第一课复习了 4 遍，并且这 4 遍不是在同一天之内完成的，经过 7 天时间反复学习，大脑中基本形成了最佳记忆效果。此时，可以不再复习第一课了，直接复习第二课、第三课、第四课，如表 4-16 所示，并以此类推。

表 4-16　一拖三复习安排表

科目：

章节/项目/日期		星期一	星期二	星期三	星期四	星期五	星期六
第一课	预习、听课	第一课					
	复习、作业	第一课					
	预习前复习						
第二课	预习、听课		第二课				
	复习、作业		第二课				
	预习前复习		第一课				
第三课	预习、听课			第三课			
	复习、作业			第三课			
	预习前复习			第一、二课			
第四课	预习、听课				第四课		
	复习、作业				第四课		
	预习前复习				第一、二、三课		
第五课	预习、听课					第五课	
	复习、作业					第五课	
	预习前复习					第二、三、四课	
第六课	预习、听课						第六课
	复习、作业						第六课
	预习前复习						第三、四、五课

总是以"一个新课带三个旧课"的方式滚动复习，从而在学新课的同时有计划、有步骤地巩固旧课。这就是一拖三复习法。

不同的学科对各个环节侧重不同。比如，数学各章节之间具有很强的连贯性，需要死记硬背的内容相对来说比较少。不建议应用一拖三复习法，但要做好预习，在听新课前就把前面的"漏洞"补上，即是对前面的知识做的复习。

政治、历史之类的科目，记忆性的内容比较多。以一拖三复习法和听课为主，知识积累有厚度，是学好此类科目的基础。

语文和英语为语言类的学习，可以通过朗读课文，并记忆字词的方式进行预习。这两个学科的知识点，都隐藏于课文之中，学生一般无法事先查出。在具体实施时，应抓住听课记笔记这一环节。课后，要把基本词意和课堂语法要点等结合一拖三复习法巩固记忆。

物理、化学等学科的各章节之间具有一定连贯性，但基础概念等知识的熟悉掌握也是至关重要的一环（尤其初中的理化基础知识点多）。面对这类知识点，最好采用的学习方法是：按文史类的方法熟记基本概念，按数学类的方法处理习题。

工具十：四轮复习法

四轮复习法是一套基于课本内容和学习要求，以解决问题为中心，以不变应万变的复习方法。该方法要求学生在考试前对要复习的内容进行通览、精研、训练、回顾四个层次的复习，每一轮次目标不同，循序渐进，层层递进。事实证明，这种方法对考试有着较强的针对性，有别于传统的复习方法。

四轮复习法的三大特点

强调知识的系统性和完整性

四轮复习法不像传统复习法那样以具体例题为目标，而是要求学生建立知识网络，让学生在知识网络中记住相关知识点，并明确知识点之间的联系，以便学生在考试时能按图索骥，快速检索到需要的知识点，为学生解题，特别是多项选择题提供了思路。

逐步深化理解和记忆

传统的复习法很容易造成虎头蛇尾和边复习边遗忘的现象。四轮复习法为层进式复习方法，每一个轮次的目标都很明确，使学生的复习印象逐步加深，通过四个轮次的复习，学生会逐步深化理解和记忆所学知识。最后达到全面掌握知识的效果。

与复习时间表相结合

四轮复习法与复习时间表相结合。定时、定量、定问题，限期实现复习目标，学生每天学什么、学多少，能够做到心中有数，避免了盲目和混乱。

第一轮次：通览——把握整体

全面、整体把握教材

全面、整体把握教材，夯实基础是取胜的根本。在我们的周围有这样一部分同学，只要是本校老师命题考试，他们总能考出不错的成绩，而一换试题，或者是遇到大型考试，成绩就不行了。自己也搞不清楚是什么原因造成的，经常被说成心理素质差、适应能力差等。久而久之，他们对自己没有了信心，形成了不战先败的心理障碍。

其实，出现这种情况，主要原因在于通览没有做到位。这些同学在复习时，总是把注意力放到老师平时讲课的重点和课堂笔记中的要点上。因为自己的老师命题时，一般不会出这个"圈子"，所以成绩挺好，而换一个老师出题就不是这么回事了。

所谓通览，是复习的第一步。先把教材从头到尾，不漏过任何死角地看一遍。不管是书本上的图片还是阅读资料，只要是书本上的内容就应该掌握。因为不管谁命题都不会离开课本，万变的题离不开不变的课本，所以做好通览是必不可少的。这是非常关键的一点，也是经常被忽略的一点。

小贴士

通览的细节：

审题时有"笔指、眼观、口读、脑想"四个要点。在通览课本的重要内容时更应如此。阅读稍显次要的内容时，为了提高阅读的速度可以只用"笔指、眼观、脑想"三个步骤，去掉"口读"，速度就会大大加快。

找问题

通览不仅要保证在考前把课本上所有的重点、难点过一遍，而且一定要明确通览的关键目标是找问题，不是解决问题。所以，你不可恋战，不可以因为局部重点和难点而打乱全盘计划。

同时，在通览时还要注意不能把书本上的内容以重点和非重点进行划分，这样无疑给自己戴上了"有色眼镜"，把一部分可能要考的内容排除到复习之外，也就意味着你在复习环节已经放弃一部分"分数"。如果非要划分课本上的内容，也只能分成"会的"和"不会的"

两部分。只要是书本上的,只要是"不会的",就有考到的可能,就有复习的必要。

有不少同学在考前知道该做通览,并且也知道应在考前十天就开始着手。但在看第一课时,就觉得哪儿都该记住,于是就开始背记那些"以前背过多少次都背不会的"和"以前没有注意过,且自己觉得挺重要的内容"。结果看书的速度非常慢,等到考试时间临近,自己却刚刚看了几课,没办法,只能开始糊里糊涂地看一阵子,草草了事,匆匆上考场。每次复习都是虎头蛇尾,感觉总是不好,觉得每次考前着手复习的时候不晚,却不能按照自己的安排去复习。

做通览的时候,心里一定要明确目标,这一轮次只是有计划地找问题,不解决问题。只是在通览过程中边读边做记录,记录下遇到的所有"负债",放入归纳本中就可以了。

列出问题清单

问题清单可以让我们做到心中有数,奠定必胜的信心。每次考试前,应将所有的学科,尤其是自己的弱势科目,按照上面的要求进行通览,如果遇到自己比较熟悉的内容,就认真读一读,并回忆以加深印象,当遇到以前没有注意过,又觉得非常重要的内容,就把它们通过一拖三复习法与遗忘规律相结合,列入计划,不要在解决问题上兜圈子,耽搁时间。记下来,按照自己的计划往下看,直到计划完成。

在记录时,如果问题简短,就把整个问题记下,如果问题内容很多,就把问题所在的页码及该问题记在知识负债表或归纳本上,读到哪一章节就把哪一章节的名称记录下来,以便知道问题的分布情况。问题比较多的章节自然是薄弱章节,可以制订针对性的复习策略。

当你把书本通览一遍后,就能检索出自己的弱项,这些是在考试前必须解决的。这样做让你既对课本有了全面、系统的了解,又把掌握得好的和掌握得不好的内容分离开来，复习时就知道自己究竟有多少个问题要解决，也为下一轮次的精研做好了准备。

第二轮次：精研——重点突破

分段征服，逐个击破

解决问题采用的策略：分段征服，逐个击破。你从书本上找出了100个问题，用10天解决，每天就解决10个，如果用20天解决，每天就是5个……把每个问题分解到每天的某个时段去解决，这是一种很好的解决问题的方法。这样，不但明确了自己的目标，而且每解决完一个问题都会有强烈的成就感。记忆是一个循序渐进的过程，此策略从根本上培养了你在解决问题时需要建立的一种好习惯。

多学科的问题，交替进行

要科学用脑，面对多学科的问题，可采用交替进行的方式。在精研时应把各科的问题穿插开，分解到每天相应的时段，逐个解决。比如，在平时解决问题的过程中，可以先记两个政治问题，然后解决两个物理问题，再背十个英语单词……将各学科的学习交替进行可以提高时间的利用率。

每个学科在学习时使用大脑的部位各不相同，一般左脑善于逻辑思维，主要用于学习理科；右脑善于形象思维，主要用于学习文科。换学科学习本身就是休息，学习最忌讳死学一科，应该适时、适度地转换，使左右大脑都能得到调整、休息。

通览和精研是四轮复习法的精髓，通览是找出问题，精研则是精细研读、解决问题。实践证明这是一种能有效解决问题，掌握解题技巧的方法。

案例一：单词记忆

首先，把所有单词检索一遍，凡是遇到比较难记的，或自己不熟悉的，就把它记到单词记录卡片上，然后继续往下看。这样，用不了多少时间就能把单词表通览一遍，从而把自己的问题单词全部找出。

根据这些单词的个数制订解决问题的计划。假如你有100个单词需要解决，就可以制订10天的计划，每天背诵10个，如果时间充裕，可以通过20天完成，这样一天只背诵5个就可以了。虽然单词比较零碎，但每天背5个单词不是件难事，这些问题可以应用黄金5分钟去解决。单词无外乎4个方面：拼写、音标、词意、词性。在上下学的路上，你就只背1个单词，直到滚瓜烂熟——上午在上学路上背1个单词，中午在放学路上背1个单词，下午在上学路上背1个单词，晚上在放学路上又背1个单词。这样就够4个单词了，剩余的1个单词，再找一个黄金5分钟时段就可以解决。

这样，任何一段零碎的时间，都可以成为我们解决小问题的最好机会。当我们提高了时间的利用率之后，在不占用课堂和自习的情况下，就可以把单词问题解决得非常好，这又为自己赢得了学习其他知识的宝贵时间。

在通览时，我们把学会的都留下了，挑出不会的，全力解决这些挑出来的内容，直到问题解决。最为关键的是，我们心里知道，自己的问题已经没有了，带着这份成就感就可以做其他事了。

案例二：语法学习

语法学习的方法和单词记忆是一样的，每天只需解决1~4个问题就可以了。解决一个问题，就划去一个，直到解决完全部问题。需要深入的，就安排具体时间和方式，比如有问题想请教老师，就要想好准备在什么时间问，如果问题多，就分散进行，之后，把请教的问题全都整理记录，加以保存，以备后用。

四轮复习法中的通览和精研，会帮助我们养成主动找问题、主动解决问题的习惯。学习过程中，很多时候并不是自己解决不了问题，而是自己从来没有想过去解决问题。只要你主动把自己的问题找出来，然后积极解决，你就会发现学习原来是件轻松、容易的事。

因为通览的关键是找问题，所以速度比较快，做起来比较轻松，当找完所有问题，就该精研了，就是解决问题。由于是你自己找到了自己的问题，因此解决起来效率就比较高。解决一个问题，问题就减少一个，能力也就增长一分，同时也能让自己有时时刻刻都在提高的感觉，成就感会越来越强，你就会越来越自信。学习跟做事一样，只要感觉好，就愿意做；愿意做，效率就高；效率高，成绩就好；成绩好，就说明自己的努力没有白费。

第三轮次：训练——知识转化能力

将基础知识转化为基本技能

学习知识，是把书本上的基础知识转化为基本技能的过程。前两轮次的通览和精研，实际上是对基础知识的查漏补缺和总结归纳，实现以课本为中心，练好基本功的目的。而要将基础知识真正地转化为技能，必须经过反复的训练才能实现。

有的同学说："训练还不好做，不就是做题吗，题做得越多越好。"事实上，题不是做得越多就越好，而应该是题型越多越好，因为我们没有那么多时间和精力做那么多题，也没有必要搞题海战术。此外，训练必须有针对性，这样做效率才高，否则就会做大量的无用功。那些平时做题不少，但成绩提高不快的同学，往往都存在盲目做题的问题。

有位同学说"老师，我做题并不少"，说着拿出一大摞习题让我看。我随手从他做的习题中拿了一本来看，发现书上有不少题没有做，就问他原因，他说："这些题不会做，才没有做。"

我说："不会做怎么不问老师？"

他说："都学了那么多年了还要问老师，自己都觉得不好意思。"

我说："像你这样，再复习一年恐怕也不会有多大长进。"

说到这儿，大家都悟出门道了吧。他做的题不少，但做的都是自己会的，不会的根本就不去做，问题当然得不到解决。

把问题分类解决

把问题分类解决，可有效提升解决问题的能力。做题的目的并不是为了做题而做题，而是为了让自己的能力一点点地增加。何为提高，就是学习障碍逐渐被扫除，疑点慢慢地被解开，使所学的知识融会贯通。因此，针对自己的弱点和疏漏进行训练，加以弥补，才是正确的方法。

关于这一环节可以分两步走：

（1）第一步，找出需要训练的问题

书本上基础知识的查找方法是以通览为主，以适当的练习为辅。第一轮次的通览，可以检索出我们对课本的掌握情况，找出基础知识最薄弱的部分。利用第二轮的精研，我们记住了需要记忆的。而在这一阶段，牢牢抓住课本是根本，一般不需要太多的练习，把主要的精力放在细抠课本上，就完全可以应对填空、选择等题型的变化。这里所说的不需要太多的练习并不是不做练习，而是要把重点放在对习题形式的了解上。遇到自己不熟悉的，说明看书仍不够细，就需要在书上把该知识点标记出来，并在自己的树形网络图上进行补充。

只是看书容易产生偏见，或受自己的主观认识与老师讲课的影响，产生重点和非重点的想法，从而忽略一部分知识点。适当做习题是对自己的检查，是使自己更全面掌握课本知识的手段，可以避免因偏见造成的疏漏。

(2) 第二步，通过训练把问题分类解决

学习能力分为两类：书面表达能力和逻辑思维能力。能力的提升，仅仅通过看书是得不到彻底解决的，必须经过训练。能力是学习者是否能够把书本上的基础知识转化为基本技能的具体体现，也是检验学习者是否真正消化、理解知识的体现。

第四轮次：回顾——战前最佳状态

理科类主要以逻辑思维为主，需要对学过的内容边看边想为什么；文科类主要以记忆为基础，需要边想边看是什么。经过第三轮次，我们已经将所学的基础知识立体化、网络化、系统化，基本技能也得到了巩固。临近考试时，把第一轮次、第二轮次的内容按照教材中的线索和自己在复习中整理的脉络进行回忆，再细翻错题档案强化记忆，防止记忆模糊。

回顾是对所学的知识是否掌握进行检验的最好方式。对于需要背诵的内容，要进行默写，然后与书本内容进行对照。我们把这种边回顾边写的方式叫作笔写记忆法，是考满分的诀窍。

笔写记忆法是检验记忆效果的最好方式。实验结果表明：写一遍的记忆，相当于读五遍的效果，不仅如此，通过默写不但能发现记忆不确定的地方，还能发现一些靠语言复述时发现不了的漏洞，比如同音字、标点符号等。

笔写记忆法强调的是，回答问题不仅要用嘴，还要用笔，这不仅可以加深对问题的理解，还可以训练自己的书面表达能力。经过一段时间的训练并养成习惯之后，在考试中就可以少犯错误，成绩自然也会有显著的提高。

小贴士

回顾小窍门：

在回顾的基础上精选一至两套模拟试题，按照考试的标准进行自考。

第四轮次复习的最后一天与考试衔接，即明天考试，今天仍在复习。

笔写记忆法。

四轮复习法的技巧

各科在各轮都要限时定量复习，可以把各科内容化整为零，给每一部分限时，分期完成。对于需要大量记忆的学科，可以在每一轮前一段少用些时间，而在后一段多用些时间，对于需要少量记忆的学科的安排则要与此安排相反。

各科交替复习，可以有效提高复习效率。可以将每天复习时间分为四段：早饭前、午饭前、午饭后和晚饭后，在每一段时间里复习一门科目，这样可避免硬性交替，大大地减轻两门功课之间的相互干扰。

外语复习每天60分钟到90分钟，最好在早晨起床后或晚上入睡前，或一早一晚两头安排，采用各占一半时间的方式进行安排。

在校生应把握上课、自习、作业时间，执行四轮复习。

每日复习科目和时间固定，便于养成习惯，提高效率。

第五章

程序管理——把学习程序化

程序化的重要性

19世纪末期，美国出现了一个非常伟大的人物——泰勒。他对人类做出的贡献甚至可以与牛顿和爱因斯坦对物理学的贡献媲美。他是一位工程师，在一家纺织厂工作。在长期工作的过程中，他发现一个大家司空见惯而又很不平常的现象：有些工人每天来得非常早，走得很晚，不要以为他们是劳动模范或者生产标兵，这是因为他们在规定的时间内不能完成定额任务，不得已才这样做。而那些优秀的熟练工就能很轻松地做到。

于是，他开始观察这些工人在劳动中的动作。他发现，这些做得慢的人第一不笨，第二动作并不慢，第三不偷懒，但用的时间长。他感到非常纳闷儿，又去观察优秀的熟练工。最后发现，这些做得非常好的工人，在做工的过程中，最主要的原因并不是动作比别人快，而是他们在操作过程中很少有多余的动作。那些做得慢的人，在操作的过程中存在大量无用的动作。这些多余的动作耗去许多时间，致使效率降低。

于是，泰勒把所有优秀的熟练工召集在一起，观察他们的劳动程序，进一步把这些优秀工人动作中的无用动作去掉，保留最有效的动作，从而制定出一套标准化的动作程序。他把这套标准化的动作程序在全厂内推广、实施。结果，同样的车间，生产同样的产品，仍然是由同一群人做，效率却提高了几倍。泰勒的标准化理论由此诞生了，泰勒也因此被尊称为"现代企业管理之父"。

泰勒的伟大并不是因为发明了新工具，他只是对现有的工作程序做了优化组合，采用了"标准化的工作程序"，提高了手工劳动的效率。

学习的程序管理是帮助学生准确地认识自己的学习优势、学习任务。学习过程的规律和策略就是：将学习程序化，提高学习技能，达到学习目标，提高学习效果和效率。

预习

你会预习吗

老师在课堂上讲，你只顾得上听课却顾不上记笔记，顾得上记笔记又顾不上思考；平时很努力，可学习成绩就是上不去。如果出现这些情况，那么在老师讲新课前，一定要预习。

事实上绝大多数学生都知道预习重要，很多人却不会去做，或者做不对。有的同学一听说要预习，就把老师将要讲的内容仔仔细细地学习一遍，该记的记，不会的就去查、去问，这样不仅占用了大量的课余时间，还会产生不良效果。这种不良的效果就成为很多人认为没必要预习的原因：在课下把老师要讲的内容都弄明白了，在课堂上听讲的时候就不会认真听。这样做不仅占用了课余时间，又错失了在课堂上从老师那儿获得知识的最佳时机。

预习时，不要求把教材全部弄懂，只要求用心去做，发现一些问题或疑难点就可以了。而这些疑难点，又会刺激我们产生一种强烈的求知欲。在这种心理状态下听课，精力自然会集中到新课的重点、难点和疑点上。听课时，目的就会明确，注意力就会集中，思维就会主动。再经过老师的讲解、指点与启发，对知识的领会便可以进入更高的层次。

📝 小贴士

有一位同学在总结自己的学习方法时说："有了预习这一环节，课堂上我很轻松，思维活跃，不局限于老师讲的或书本上的思路。我力求找出问题，想出自己的方法。这样，不仅有利于加深对新知识的理解，还有利于提高自己的思维能力。"

预习开好头，学习成功一半

预习是一项长期的智力活动，有很多的方法和技巧，只有掌握了正确的预习方法，学习起来才会事半功倍。

某教育机构对北京1000名初、高中学生的预习情况展开调查显示，重点学校25%的学生、普通学校17%的学生能达到预习的要求（见图5-1）。也就是说还有75%～83%的学生没有预习的习惯，不重视学习中的预习。同时，有预习习惯的同学中还有很大一部分不知如何进行预习，或者预习只是为了应付老师的检查，没有实际效果。

不管老师和家长怎么强调课前预习的重要性，很多同学还是不够重视。但预习是非常重要的、不可缺少的、必须坚持的环节。预习开好头，学习就成功了一半！

第五章 程序管理——把学习程序化

课堂上老师要面对全班所有的学生，因此，只能按照统一的速度授课，尽可能地照顾到全班每位学生的特点。但全班几十名学生，又不可能照顾全面。如果某一学生在听课时出现了问题，老师很难及时发现并解决，如果学生课前做好预习，就能有效减少学习新课时遇到的知识障碍。

叶圣陶老先生曾说："在指导以前，得先令学生预习。"否则，在课堂里就会出现这样的现象：顾得上记笔记，就顾不上听课，顾得上听课，就顾不上思考，忙得不可开交，结果是什么都没做好，学习效率极其低下。

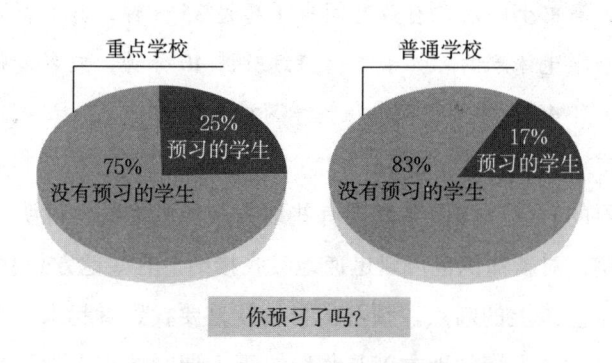

图 5-1 中学生预习情况调查结果

小测试

那么，你属于下列哪类学生呢？

你预习了吗？	是□	否□
你是预习了一部分的学生吗？	是□	否□
你会预习吗？	是□	否□
你对预习的效果满意吗？	是□	否□

预习是学习的起步环节

很多同学在听课的时候觉得特别累，那是因为在听课的时候，注意力高度集中，不敢漏掉老师讲的每一句话，甚至每一个动作、每一个神态，你说能不累吗？一堂课，老师很多时候都在积极引导、穿针引线、承上启下，这个时候就要对大脑进行调整、放松，让大脑休息，这是属于自己思维张弛的时间。

🖊 小贴士

初中的课程，按照教学大纲，老师讲一堂课需要45分钟，其实只有20分钟左右是有效的，剩下的20多分钟就是讲作业、留作业，进行互动等。高中生的课堂有效时间也不超过35分钟，其实留下的那段时间就是给学生休息的。如果学生持续听课40分钟，或者老师传递内容的时间达到40分钟，是很难保证学习效果的。

在预习的时候，我们会发现有些地方是能看懂的，说明以前知识掌握得不错，对新知识也可以迅速地吸收接纳。有些地方是看不懂的，或者说有了思维上的断点。预习的目的就是要找到看起来、学起来不懂的地方，这个不懂的地方就是你第二天上课时要重点学习和掌握的地方。所以预习的根本是要找到思维上的断点或学习的重点。如果不预习，听课时就没有侧重点。如果预习了，当老师讲到重点时紧跟老师的思路走，使听课效率大幅度提高，自己的思维有了张弛，上课就不会累；听课的质量提高，做作业的时间就会缩短。所以说会预习是至关重要的。会预习是提高听课效率和听课质量的有效途径。

预习是合理的"抢跑"

有一位教育专家曾经说过："预习是合理的'抢跑'。"的确，我们一旦掌握了预习方法，一开始就"抢跑"领先，有助于扫清学习障碍，搭建新旧知识的桥梁，降低我们理解知识的难度，使学习变得主动，形成良性循环。预习既培养我们独立思考的能力，又帮助我们养成良好的学习习惯，从真正意义上实现自主、开放的学习（见图5-2）。

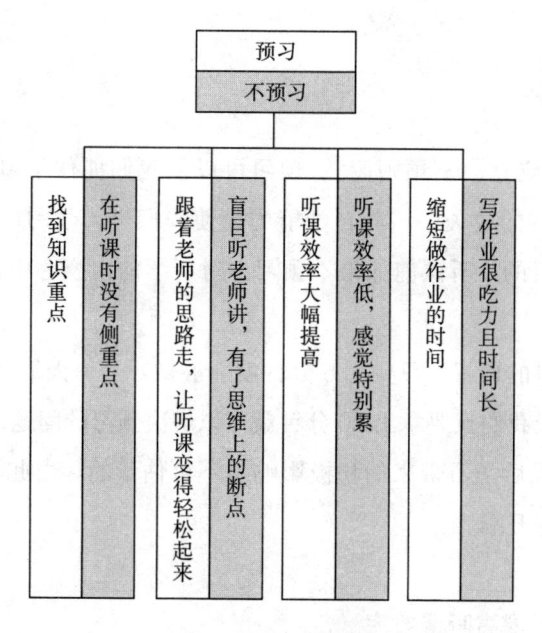

```
            ┌─────────┐
            │  预习   │
            ├─────────┤
            │ 不预习  │
            └────┬────┘
   ┌────┬────┬───┴┬────┬────┬────┐
   │找  │在  │跟  │盲  │听  │听  │缩  │写
   │到  │听  │着  │目  │课  │课  │短  │作
   │知  │课  │老  │听  │效  │效  │做  │业
   │识  │时  │师  │老  │率  │率  │作  │很
   │重  │没  │的  │师  │大  │低  │业  │吃
   │点  │有  │思  │讲  │幅  │，  │的  │力
   │    │侧  │路  │，  │提  │感  │时  │且
   │    │重  │走  │有  │高  │觉  │间  │时
   │    │点  │，  │了  │    │特  │    │间
   │    │    │让  │思  │    │别  │    │长
   │    │    │听  │维  │    │累  │    │
   │    │    │课  │上  │    │    │    │
   │    │    │变  │的  │    │    │    │
   │    │    │得  │断  │    │    │    │
   │    │    │轻  │点  │    │    │    │
   │    │    │松  │    │    │    │    │
   │    │    │起  │    │    │    │    │
   │    │    │来  │    │    │    │    │
```

图5-2 预习的重要性

一个老奶奶买了一篮子苹果，过了几天后，她发现有些苹果开始烂了。于是，她把所有的烂苹果挑出来，开始吃；当她把烂苹果吃完后，又有一些苹果烂了，她又挑出来吃。如此循环下去，老奶奶觉得不对呀，自己花钱买了一篮子好苹果，可是自己一个好苹果也没吃着。

学习也是同样的道理，如果自己以前落下的知识点比较多，先不必急着补前面的，应该把主要精力放到后面新内容的学习上，在保证这些内容学好的前提下，再去补缺。最忌讳的是老师讲新的，自己补旧的，不与老师同步，造成问题越来越多，这就成了"老太太吃烂苹果"。只要在学习新课之前认真预习、及时补漏、循序渐进，你同样能学好。后面的学好了，前面的自然而然就融会贯通了。

有了好的预习，就是做了个漂亮的"抢跑"。

预习的好处

"凡事预则立，不预则废。"预习可以使我们抓住学习的主动权，还可以做到有的放矢，培养自学能力，使我们进入学习的第一层楼，达到听懂的目的。听课前如果不预习，对所学的内容心中无数，很难提高听课效率。

一门学科的预习，只要用5分钟就能够做好。一天最多上6门课，那么，每一天我们只要拿出30分钟就可以解决预习的问题，并且这30分钟对我们以后学习带来的积极影响是不可估量的。由此可见，预习是学习的良好开端。

预习可以提高听课效率

预习不是自学，不需要全部搞明白，只要找到新课程的重点、难点和疑点就可以了。

预习要详略得当，逐步递增

首先，预习是为新课作准备，是为课堂服务的。所以，我们只要做好知其然的过程就可以了，没有必要按课堂学习的标准对待预习。

其次，不同科目、不同章节对学生学习的要求也是不一样的。

最后，对于每一个章节的重点、难点要做课前笔记，特别是对有疑惑的内容，因为这些内容就是我们听课的重点。

预习是听课的铺垫

预习可以破除听课障碍，及时查找、发现漏洞，在上课前即可解决，不会成为听课的"绊脚石"。如果把学习当作一场比赛，那么预习就是一种合理的"抢跑"，它可以使我们在整个学习过程中领先一步。很多同学之所以听课效果很差，主要原因是没有准备好听课前所需的旧知识，对疑点和重点不够了解。

培养自我学习的能力

预习时要独立阅读和思考新知识，经过长期的预习实践训练，我们就会加快阅读的速度，提高思维的敏捷性。因而，预习有利于培养分析综合、归纳演绎、抽象概括、推理判断等能力，是培养自学能力的重要措施。

让听课变得更高效、快乐

预习可以使我们清晰地知道哪些知识已经理解，哪些还不会，做到心中有数。这样我们会带着问题听课，促使自己把注意力集中到难以理解的知识上，从而增加了听课的针对性和目的性，让听课变得高效快乐。

有利于加强新旧知识的联系

在预习中，要发现问题并带着强烈的求知欲，自主回想之前的知识点，有助于解决新的问题。这不仅有助于扫除学习新课时遇到的知识障碍，还会给课堂学习带来最直接的好处，从而逐步建立起预习的系统概念，形成知识体系。预习就像"火力侦察"，能提前发现自己知识上的缺陷，及时查漏补缺，除去听课过程的"拦路虎"，从而加强自己新旧知识融会贯通的能力。

提高笔记水平

预习完成后，在听课时根据老师的讲课内容，知道哪些出自课本，哪些是老师新补充的。这样就可以抓住重点，及时取舍，进行记录，从而减少无谓的笔记。

预习的积极作用

有精力去考虑更深层次的问题

课前做了充分的预习，就对所学新课程有了整体了解，对所要学习的重点、难点心中有数。对知识点有了初步的了解，你便有精力思考为什么这样推导，该怎样关联。知识掌握得越扎实，印象就会越深刻，也就会有更多的精力考虑更深层次的问题。

预习使学习变得更有针对性

预习后带着不懂的问题听课，目的明确，态度积极，针对性强，注意力容易集中，并能随时做出积极的反应。预习后不仅上课时容易跟上老师的思路，而且在老师讲到自己已经懂得的那部分知识时，还可以把自己的思路和老师的思路进行比较，取长补短，提高思维能力。

预习可以解决偏科的现象

很多同学基础比较弱，有偏科的现象，通过预习可以从根本上解决。比如：老师明天讲二元二次方程组，如果不理解一元一次方程，那么一元二次方程也就很难弄懂，之后的二元二次方程组更像听天书。为了听懂二元二次方程组，可以在预习中先把一元一次方程、一元二次方程温习并理解。慢慢地，新知识当堂能理解，原来学过的知识越来越稳固，偏科的现象也就解决了。

预习的类型

课前预习

预习，就是先把上课前的内容浏览通读一遍。容易理解的知识，通过预习就可以掌握。即使在预习中还不能理解那些较难的部分，也要做到心中有数。知道难点在哪里，自然会产生解决难点的欲望，听课时就会集中注意力，也就容易听懂了。

预习又是很好的自我实践，久而久之，自学能力和理解能力就会提高。预习不能"走马观花"，要认真仔细并结合做练习题反思，加深对知识的理解，力求少留疑点，并做好学习新知识的准备工作。

单元预习

在进行某一单元的学习之前，可以用比较完整的时间预先从整体上了解学习内容，明确单元学习的目标和重点，再思考如何展开有效学习。如果对某科已进行了全册预习，就可以在完成全册预习的基础上，进一步深入、系统地熟悉单元内容，明确单元目标和任务；探索单元间的相互联系，消化、理解重点知识；通过试做课后习题巩固预习效果，做好单元预习笔记。

学期预习

开学前，利用假期对下一学期学习内容进行全面、系统地了解，做到心中有数，并根据以往的经验教训，摸清自己的特点，采取相应的措施，制订学期学习计划。学期预习的做法一般为全册预习，从整体上了解和熟悉全册教材的主要内容和特点。首先通读教材，清楚教材的章节，然后明确教材的目的、任务、要求、重点和难点等，同时做好预习笔记，搜集参考用书，试做有关练习，制订相应的学习计划。

如何进行有效预习——语文类科目

语文类的科目的知识点散而多，很多同学预习时只看教材，达不到预期的效果。如何才能做好这类科目的预习呢？以下几种方法简单又高效。

标注符号预习法

语文预习可以用标注符号预习法。比如：我们在阅读课文时，感觉有一句话特别优美或者对自己的启迪特别大，用"～～～"画下来；如果在读文章时发现影响事件发展的关键人物，用"▲"标记；发现读不懂的句子可用"＿＿"标记，旁边记得要标注上"？"。这样，听课的针对性会很强，且目的明确，对知识的理解也就能更深入、细致，印象就会更深。

提纲预习法

在归纳本和康奈尔笔记的复习栏，都提到要将所学内容进行归纳总结和构建知识体系。提纲式预习就是通过预习将自己的重点、难点内容形成提纲。

以预习"第一次世界大战"为例，用康奈尔笔记结合标注符号和提纲预习法做预习笔记（见表5-1）。

萨拉热窝事件，于<u>1914年6月28日</u>发生在巴尔干半岛的波斯尼亚，这一天是塞尔维亚的国耻日，奥匈帝国皇位继承人费迪南大公夫妇被塞尔维亚族青年普林西普枪杀。这次事件促使奥匈帝国在7月向塞尔维亚宣战，成为第一次世界大战的导火线★。

第一次世界大战是帝国主义两大集团之间为重新瓜分世界、争夺势力范围和霸权进行的首次世界规模的战争，▲卷入战争的国家达38个，双方动员总兵力达7000万人，死亡800万～1000万人，伤至少

2000 万人▲。战争以德国为首的同盟国战败而告终。英、法虽然取得了战争的胜利，但实力受到削弱，而美、日地位开始上升。与此同时，★俄国十月社会主义革命取得胜利，世界上出现了一个崭新的、不断强大的苏联★，世界格局由此发生了重大变化。

表 5-1　康奈尔笔记举例之历史

科目：历史　　　　　　　　　　　　　　　时间：

	预习	听课
我的重点	1.时间：1914 年 6 月 28 日（﹏﹏） 2.导火线：萨拉热窝事件（★） 3.开始：奥匈帝国向塞尔维亚宣战（★） 4.地点：（＿＿）	
我的难点	1.结果：参战国家 38 个，双方共动员兵力 7000 万人，造成 3000 多万人伤亡（▲） 2.影响：规模空前（★）	复习
思考：		

如何进行有效预习——数学类科目

"问题是最好的老师。"不管学什么、做什么，想要出类拔萃，你就要比别人在遇到问题时多问几个为什么。

数学类科目的学习都是围绕公式、概念、定理、定律出发，万变不离其宗，一定要掌握公式、概念、定理及定律的来龙去脉，才能以不变应万变。在理科预习时多用问题进行预习，即知其然，此外，还要进行其所以然的探究式预习。

以七年级数学中的"负数"为例（见表5-2），打开课本，看见如下信息：

- 什么是负数？
- 温度计的显示方式怎么读？
- 数轴是干什么的？
- 0算什么数？
- 存折上收入为什么有的有"+"号，有的没有？
- 数轴上为什么"-"号后面的数越大，数值却越小？

以上内容学生一般一看就会懂，但要想很好地掌握运用，那就不一定了。如果我们用书中介绍的方法预习，再结合康奈尔笔记效果就有可能大不一样了。

表5-2 康奈尔笔记举例之数学一

科目：数学　　　　　　　　　　　　　　　　时间：

	预习	听课
我的重点	1. 什么是负数 2. 温度计的显示方式怎么读 3. 数轴是干什么的 5. 存折上收入为什么有的有"+"号，有的没有	
我的难点	4. 0算什么数 6. 数轴上为什么"-"号后面的数越大，数值却越小	**复习**
思考：		

明确预习的目的，让预习事半功倍

预习做到"清除听课障碍，明确听课目标"就可以了。在预习时将老师要讲的新课浏览一遍，找出以下三类问题。

第一类问题：找漏洞

这类问题是以前学过的，将掌握得不太好或已经忘记的概念、定理、定律和公式等内容，找出来后标上"△"符号。这类问题应该在老师讲课前解决。这部分属于前面所说的"听课障碍"，要在听课前清除。有的学生对有些科目感到吃力，总觉得讲得快，思路跟不上，就是这些原因造成的。

第二类问题：找难点

这类问题大多来自没有接触过的新知识，是自己通过预习之后难以理解的知识，找出来后标上"？"。在听课时应该集中精力解决这一部分问题。

第三类问题：找重点

在没有"难点"的章节，也要找出本节阐述的主要内容。找出来后标上"*"。在听完老师的讲解后，认真核对自己预习过程中的理解是否有误，这样可以巩固、加深印象，增强学习效果。在集体授课方式，对于听课的学生来讲，听课的目标是听完课后没有"疑点"。

只要找出来以上三类问题，就达到了预习的目的，明确了听课的目标。

预习要注意的事项

很多学生说，预习之后，第二天听课就没事干。其实，不是没事干，而是预习的心态出现了偏差。预习是找重点、难点，老师讲到自己已经理解的内容时，可以集中注意力听老师是如何提出问题、分析问题、解决问题的。要把自己的思路与老师的思路进行比较，这就要求你预习时一定要注意以下几个问题。

预习不是自学

预习的目的是发现难点、疑点、重点，并不要求全部掌握。这是因为要全部掌握新的知识点，难度相对较大，且花费时间也会很多。难以达到预期的效果，会让自己挫败感很强，容易放弃。

一定要有记录

如果有疑问一定要记下来，争取在课堂内解决。及时请教老师，争取当堂消化，这样会让学习更加轻松自如。

预习时不要请教

预习如果有依赖，就会造成缺乏自主学习的意识，失去主动探索的精神，形成懒于动脑思考的习惯。一旦难度加大，就会习惯性放弃。

小贴士

不管用什么方法预习都不能只是读一读，读完了事，一定要动笔。把预习过程中的难点、疑点、重点记在书的空白处，同时也可以将自己思考的问题记下来，在课后与老师或同学讨论。

灵活安排时间

每天进行时间管理，根据当天所学课程、第二天的课程安排及零散时间等进行统筹安排。如果快要上课了，还没有预习，就要放弃预习吗？其实不然，从上课铃响到老师走上讲台有一段时间间隔，你也可以利用这段零散的时间进行预习。

预习成败的关键

预习成败的关键在于，你是否能独立思考、发现问题和提出问题。预习重在先思考，后查资料；先发现问题，后提出问题；先看清意思，然后再做笔记。

不要全科铺开

全面预习是不现实的，一是时间难以保证，二是精力难以保证，三是质量难以保证。要先选择自己感到吃力的内容预习，千万不要因为作业时间紧，就放弃预习。

不同学科采用不同方法

预习时，不能千篇一律。不同的学科要采用不同的方法预习，抓住不同的重点。比如：预习物理时，要把重点放在定理、定律、公式、概念和原理上；预习语文时，重点要放在排除生字和生词，明确中心思想、段落大意和写作风格上。

预习要持之以恒，逐渐提升

在一次火灾中，一个小男孩被烧成重伤。虽然经过医院全力抢救脱离了生命危险，但他的下半身还是没有任何知觉。医生悄悄地告诉他的妈妈，这孩子以后只能靠轮椅度日了。

有一天，天气十分晴朗。妈妈推着他到院子里呼吸新鲜空气，然后有事离开了。一股强烈的冲动从男孩的心底涌起：我一定要站起来！他奋力推开轮椅，然后拖着无力的双腿，用双肘在草地上匍匐前进，一步一步地，他终于爬到了篱笆墙边，接着，他用尽全身力气，努力地抓住篱笆墙站了起来，并且试着抵住篱笆墙向前行走。没走几步，汗水从额头滚滚而下，他停下来喘口气，咬紧牙关又拖着双腿再次出发，直到篱笆墙的尽头。

就这样，每一天男孩都要抓紧篱笆墙练习走路。一天天过去了，他的双腿仍然不能独立行走。他不甘心困于轮椅的生活，一次次握紧拳头告诉自己：未来的日子里，一定要靠自己的双腿行走。

终于，在一个清晨，当他再次拖着无力的双腿，双手紧拉着篱笆行走时，一阵钻心的疼痛从下身传了过来。那一刻，他惊呆了。他一遍又一遍地走着，尽情地享受着别人避之不及的钻心般的痛楚。

从那以后，男孩的身体恢复得很快。先是能够慢慢地站起来，扶着篱笆走上几步，渐渐地他便可以独立行走了。自此，他的生活与一般的男孩子再无两样。后来他竟然成为校田径队的一员。

他就是美国历史上著名的长跑运动员葛林·康汉宁。

这个故事告诉大家，滴水可击穿大石，不是它的力量强大，而是它昼夜不舍的滴坠。成功的秘诀是不屈不挠，坚持到底。

学习犹如禾苗生长，不见其长，但日有所增。只要每天坚持预习，持之以恒，你会发现学习原来很简单，学习的兴趣也变得越来越浓。

听课

课堂是学习知识的主阵地

教育专家曾对全国各地重点学校的尖子生进行了调查研究，总结分析出了一套高效听课法。

"听懂每一堂课"是考高分的第一法宝。老师们讲课，常常是"课堂 40 分钟，课后 10 年功"，尖子生的听课箴言是："课堂走神 1 分钟，课后摸索半天功。"

在掌握知识的准确性与深度方面，课堂学习是最重要的环节和关键。学生从小学到高中毕业，要在学校学习 12 年的时间，上课的总节数大约有 12000 节课。如果按每节课 45 分钟计算，约有 54 万多分钟，假设每天不间断听课 6 小时，也需要 1500 天才能听完。这是一个多么庞大的数字！教育专家普遍认为：学生一堂课所掌握的知识，比课后自学 3 小时所掌握的知识还要多！

课后要及时进行梳理，完善对某些问题的理解。要学会"捕捉"问题。对有价值的问题，积极思考。在解决问题的过程中注意发现与之相关的问题或更深入一层的问题，并进行再思考。一个个问题的捕捉、提出与解决，正是掌握知识、提高能力的过程。

不同阶段课堂学习与自主学习的比例

课堂是学生学习的根本，是学生把基础知识转换成解题技巧，提升学习能力的重要环节。很多同学说："小学时没怎么用心听老师讲课，考试却还不错；上了初中听课用心了，考试感觉也不错，可成绩一出来却相差甚远；到了高中就更不用说了，感觉都听懂了，但下课做题时就蒙了，一考试简直无地自容，真的是很奇怪。为什么会出现这样的现象呢？"

小学老师课堂教学内容占 80%，课堂几乎将所有的知识全部输出，回家只要做好作业，成绩就会不错；中学老师课堂教学内容是 60%，其余 40% 的内容需要学生自主学习，而这 40% 的课外拓展内容是依据 60% 的课堂内容来的；到了高中，40% 的内容由老师课堂讲授，60% 则需要学生自主学习，并且它们也是相互关联的。只有明白了这些，才知道如何正确听课，否则 45 分钟的课程就会听得断断续续、支离破碎。

养成良好的听课习惯

听课是非常重要的，良好的听课习惯是高效率听课的保证。有的同学就是因为习惯不好才导致听课效率不高，丧失了听课兴趣。而课堂是获取知识的中心环节，如果不会听课不仅增加课后作业的时间、困难和压力，还会造成知识链断裂，出现消极、厌学的情绪。

充分认识老师上课的重要作用

老师在课堂中起着引导作用，在课堂中的分析、讲解远比课后辅导要详细得多，这也是学生无法自己做到的。课堂教学是老师指导学生掌握知识的一条最便捷的路。因此，学生都应该虚心向老师学习，在老师的启发引导下利用好每一节课。

集中注意力

全神贯注地听老师讲解，跟着老师的思路走，千万不能开小差。如果在老师启发下自己有了比较好的想法，可以记在笔记本上，等下课后再去深入思考或请教老师和同学。总之，课堂上的分心是学习最大的敌人。

要力求课堂理解

理解是掌握事物本质、内部联系及规律的思考过程。那么，怎样才能做到课堂理解？这需要在老师的启发下开动脑筋、积极思考，如果你在思考中出现了不理解或理解不透的地方，应该举手提问。如果老师没有时间帮你解答，你应继续聆听老师的讲解，课后再请教老师。

专注听课

针对预习的重点、难点，紧跟老师的思路。老师讲课是以教材为中心展开的，如果把自己预习的内容通过康奈尔笔记和老师讲解的内容进行对比，就可以轻松地抓住重点。

以听课为主，笔记为辅

听课时要将疑惑点写到康奈尔笔记上，课堂上老师讲解时会说"请注意""我再重复一遍""这个问题的关键是……""这个知识点一般会……"，像这样的内容就一定要补充在康奈尔笔记的听课栏里。

紧跟老师的思路

很多同学说："我上课总是听不进去，听是听了，但是听不懂，即使有时候听懂了，下课就忘了，这到底是怎么回事？"这正说明有太多的同学对怎样听好课存在一定的困惑，如果不及时纠正，不仅会影响到学习成绩，甚至还会荒废学业。

可以根据老师的提问，紧跟老师的思路。因为每个公式、每道例题、每篇课文，都有它的来龙去脉，在分析、思考的同时，还要与老师的思路进行比较，理解才能更加透彻。

听课是为了增长知识和发展智力，一堂课中不仅要注意老师传授的具体知识，更应该注意老师讲课的思路，一定追着老师的思路跑。

📖 **小贴士**

听课的目的是把老师讲课过程中应用的各种思维方式、思维过程弄清楚，学习老师是如何进行缜密的科学思考，从而提高自己的思维能力和智力水平。有的学生不注意老师的讲课思路，而偏重于记录老师推导、总结出来的公式或者结果，认为这就是听课的主要目的。其

实，这样掌握的知识是"知其然，而不知其所以然"的死知识，这种死知识忘得快，又不能用于解决实际问题，更谈不上发展智力。

自己思考的感悟

听课不仅要紧跟老师的思路，还要力争走在老师的前面。对于老师提出的问题，应该在第一时间进行思考，然后，再和老师核对答案。如果你的理解与老师的阐述有不一样的地方，就应该记录在康奈尔笔记的思考栏，然后再听老师讲解，理解自然就会更加深刻。

抓住一节课的知识内容和学科特点

抓住一节课的知识内容和学科特点，这是课堂学习的关键。关键的知识内容一般指基本概念、基本原理、基本关系式等。当老师讲解这些关键知识时，一定要特别注意。实际上，各门学科的内容体系、发展思路、训练要求及老师教授的方法各有特点，学习中一定要抓住这些特点。如物理、化学、生物要特别注意观察和实验，在获得感性知识的基础上，通过思考来掌握科学概念和规律；数学，要通过大量演算、证明、练习等来理解数学知识，培养数学思维能力；语文和外语要抓住字、词、句、篇等方面的知识，并且通过听、说、读、写，提高阅读和写作能力，以便更好地理解、掌握语言和文字。

认真做好康奈尔笔记

康奈尔笔记是为了学、为了懂、为了用。记康奈尔笔记的原则是以听为主、以记为辅，要简洁明白、提高效率、详略得当、难点不放过、疑点有标记，还要及时记下发现的问题，笔记要留有空白，便于复习时补缺。

康奈尔笔记的内容包括：老师的讲课提纲、解题思路，自己难以理解的重点及难点，自己悟出的重要体会，老师解决问题时提出的观点、论据与推导论证过程中精、巧、新的解决方法，课堂上没有解决的疑难点，新知识和旧知识的联系和结合点，容易发生错误和混淆的概念。

🖊 小贴士

正确的听课习惯

努力寻找老师和自己共同感兴趣和关心的问题与内容。不管内容是什么，都能根据老师的讲述，挖掘潜在的宝藏。很少受老师外表和言语的影响，而比较注重老师讲的内容。除了了解知识点以外，还要了解知识点背后延伸的观点，把观点记下来，给予特别关注，并紧跟老师思路，努力记住主要观点和支持这些观点的事实。

错误的听课习惯

听课中将一些不了解、不熟悉的内容认为是没有用或不重要的。

觉得有意思就听，没意思就不听，总是盼着早点下课。

一见老师进教室就开始烦躁、反感、批评，品评老师的外表、举动、腔调。

听课，只为了解知识点，逃避比较难的知识。假装注意听老师讲课，却想着与学习无关的事情。

做好课堂笔记，提高听课效率

同样的学习环境、同样的学习时间、同样的老师讲授，为什么同学之间的成绩差距会非常大？

经常听家长说：孩子挺聪明的，对知识的接收也很快，就是上课不认真听、东张西望、心不在焉，对老师讲的内容不感兴趣，爱做小动作等。这些只是表面现象，导致学生不能认真听讲的主要原因在于：学生在课前没有预习，不知道听课的目的，不知道听课的重点和难点等。

此外，晚上没有睡好觉，或者还在想昨晚的游戏战况等，都会影响学生第二天听课的专注程度。如果不及时调整，时间长了，就会陷入恶性循环。上课不注意听讲，会导致学生知识脱节，对学习失去信心。结果是上课听不懂，不能独立完成作业，考试常常考不好，彻底放弃学习。

课前准备

精神准备、物质准备、知识准备，准备越充分，听课效率就会越高。这些在后文"不打无准备的仗"一节有详细的介绍，这里就不重复论述。

听重点和难点

听完一节课，每位学生的收获一定是不一样的，那么到底应该怎样听？听什么？听重点和难点，即你在康奈尔笔记里记录的预习内容。以表5-3康奈尔笔记为例，这节课的重点和难点是：

- 什么是负数？
- 数轴是干什么的？
- 0算什么数？

听思路

很多同学会有这样的困惑：上课听懂了，考试却总是不尽人意。前面提到初中老师课堂只讲60%的内容，还有40%是学生自主学习的内容。而我们总是在被动地听课，没有让自己的思维活跃起来。既然在课前已经做了预习准备，那么上课时就需要跟随老师的引导思路，边听边想。比如：老师在讲解一道数学题时，首先讲应该从哪里入手。

然后，再考虑用什么方法进行解答。此外，老师总会从一个问题讲到另一个问题，一旦某个问题没听懂，就应记录在康奈尔笔记的思考栏中，然后接着往下听，以保证听课的连续性，下课后带着问题及时找老师或同学帮助解决。

表5-3　康奈尔笔记举例之数学二

科目：　　　　　　　　　　　　　　　　　时间：

	预习	听课
我的重点	1.负数与什么具有相反意义 2.为什么"零下16度"也是负数 3.为什么有些收入前带+号，有些不带	我的重点： 1.与正数具有相反意义的数叫负数 2.例题说明了正数和负数都有读法和写法 我的难点： 0是正数与负数的分界点，既不是正数也不是负数 数轴上比大小，负数的数字越大，值越小，正数的数字越大，值越大
我的难点		复习

思考：
-6与2比大小
1.从正负数着手
2.数轴（数轴的画法）
3.数轴的分段单位长度相等，数轴成立
4.负数的数字越大，值越小

听问题和方法

听问题，不但要听老师讲的问题，还要听自己预习中不懂的内容。如果老师的讲解不是很详细或自己还没有听明白，应立即记录在康奈尔笔记的思考栏中，以便课后及时解决。

老师对所有结论和结果的分析与解决途径，就是解题方法。听问题和方法固然重要，但学生不参与分析显然是没有用的。要用你的思维和老师的思维对比、碰撞，简单整理后与老师积极互动。这样，不但能加深对知识点的印象，还可以提高听课的效率。

考上北京大学的詹同学说："初中我的成绩不好，觉得那些学习好的同学，就像'神'一样，我决定看看他们是怎样让自己变成'神'的。结果发现，他们学习真的很简单，同时我也发现了一个秘密，就是他们每个人都有一个属于自己的'问题本'，这个'问题本'并不是错题档案。

"我打开一看，挺震惊的，上面有四个栏目，每一个栏目将学习的重点、要点全部写在那里。于是，我回去就按这个样板开始每天坚持，不知不觉一个月过去了，学校月考我竟然提升了63名。

"这是一个怎样的历程呢？我每天上课前将自己前一晚预习的重点、难点记录在这个本子上，第二天听老师讲课时突然发现，所有的问题全部显现在眼前，而且非常清晰。更重要的是节约了很多记笔记的时间，真正提升了听课效率。回家复习时，预习栏和听课栏更便于我对当天所学内容的归纳和总结，把自己每天的问题和思考记录下来，并及时补充、解决，就这样一个简单的程序一直不断地重复，结果我也成了别人眼中的'神'。"

这位同学变成"神"的方法，就是因为这个神奇的笔记本，也就是我们所说的康奈尔笔记本。

不打无准备的仗

心理准备

心理准备指的是听课者在进入课堂之前做好情绪和态度方面的准备。每次听课前，要调节听课心态，优化听课意识，让潜意识喜爱听课。想进入积极的听课状态，学生要调整好情绪，做到心平气和、不急不躁。用什么样的意图和心态去听课是很重要的。要抱着虚心学习、沟通交流、研究问题的心态听课。由于各学科的特点不同、内容不同、教学方法不同、老师的讲课风格不同，作为学生，要保持谦虚的态度，按各学科的特点认真听课。

物质准备

物质准备是指把上课要用的书、练习本、笔记本和其他学习用具在课前准备好，避免上课时为了寻找学习工具而影响听课效率。尤其高年级的学生，思想上更不能放松自己，课前准备更要扎实，如画图工具、测量用具等都要准备齐全，每位学生都应该养成在上学前整理好书包，上课前做好准备的好习惯。

知识准备

知识的准备主要通过预习完成。如果听课过程中因为没有弄清楚旧知识，出现听"天书"的现象，说明上课前的知识准备不足。那么，在上新课之前，最好清清相关联的"旧账"，再了解新课的知识系统，以便排除听课障碍。

听课学会抓重点

每节课的开头和结尾

每节课开始，老师总要拿出几分钟时间，将上一节课学习的内容回顾一遍。有时候老师自己讲，有时候是提问学生，再根据学生回答问题的情况，补充需要注意的内容。这时，会听课的学生就会格外注意自己的漏洞并及时补救。

此外，每节课的结尾也是重点，因为这时老师会把本节课的重点、难点总结出来。一定要明白，虽然每节课开头和结尾只有短短几分钟，却凝聚着老师多年的教学经验。

老师讲课中提示的内容

在讲课过程中，对于重点和难点，老师往往会用语言提示。比如"同学们，这一点非常重要，大家要牢记""这两个概念可不能混淆""这是个常见错误"等。这些就是本课的重点，留意这些，有利于抓住新课中的重点和难点，提高听课效率。

老师板书归纳并反复强调的内容

老师反复强调的内容，一定是大多数人难以理解的内容。老师归纳出来并写在黑板上的内容，也是绝对不能大意的。我们要一个一个地听清楚、看明白、会思考、勤记忆，并把它纳入笔记本反复复习或练习。

要学会发现问题

学习本身就是一个不断产生问题、发现问题、解决问题，再产生新问题的螺旋式上升过程。

遇到听不懂的地方，会感到跟不上老师的思路。这时，有很多学生就没兴趣听下去了。爱因斯坦曾说过："发现一个问题要比解决一个问题更重要。"当你听不明白时，可以做一个记号，暂时放下，不要影响后面的听课。而这类问题老师有可能会从另一个角度进行讲解、返回补充，或者通过举一反三的方式补充进来。如果还不懂，你可以课后寻求老师提供帮助或通过其他方法弄懂。

大胆提问，积极回应

明代学问大家陈献章说："前辈谓学贵有疑，小疑则小进，大疑则大进。疑者，觉悟之机也。一番觉悟，一番长进。"可见，疑问在学习中的重要性。课堂问答是课堂教学中必不可少的环节。通过与老师及同学们的交流，我们可以解决心中的疑团，加深理解和领悟。不敢大胆发问，问题会越垒越多，最终成为学习路上的拦路虎。不仅如此，还要积极回答老师的提问。当老师提问时，有些学生知道答案，却不愿意积极回应，久而久之，这些学生的学习开始变得被动，并渐渐地从舞台的主角转变成了观众，参与的态度越来越不够积极。

回答问题时，不仅要发表自己的看法，也可以补充和评价其他同学的看法。当别的同学发言时，要认真倾听其他同学的发言，将他们的想法和自己的想法进行分类、比较，可以从中受到更多启发。

老师讲课结束后不要马上急着看书或做作业，而应闭上双目，放松后仰起头，把听课的重要内容像放电影一样回味一遍，使其在大脑中的记忆更深刻一些，就像把老师讲课的内容烙在脑海中一样。

让你的听课舞动起来

俗话说"好记性不如烂笔头，最淡的墨水胜过最强的记忆"。书要越读越薄。如果书是原材料，那么课堂笔记就是半成品，课堂笔记要更简练、实效，比书更薄。实践表明，把书当作复习工具，做完单科复习时间要20分钟；把课堂笔记当作复习工具，每天复习只需8分钟，学习效率明显提高了。

记笔记属于"肌肉记忆"。由于在记忆的过程中参与记忆的器官比较多，所以笔记的效果优于单纯地听和写。就像是我们学会了骑自行车和游泳，即使时隔多年不练习，再骑自行车和游泳时也能很快地进入状态。

学会记笔记

我们应该学会记笔记（见图5-3），并且笔记的内容尽可能详细，做到"有骨有肉"。"骨"就是纲要框架，"肉"就是纲要下面零碎的知识点。

下面是马同学写的《我记笔记的方法》：

• 记笔记是学习中的一个重要环节。如果上课不认真记好笔记，那么课后复习就缺少条理，也不容易记住上课的重点，对学习是不利的。

• 听课为主，记笔记为辅。记笔记不是目的，而是帮助我们理解内容，所以要在听懂的基础上辅助记重点内容。

• 老师提示的重点要记下。老师提到的重点有助于我们更好地理解所学内容，也有利于我们复习时有的放矢，从而避免本末倒置，做很多无用功。

• 记老师反复强调并补充的内容。有时候老师为了更好地说明问题，要补充一些内容。比如，语文就会补充作者的写作背景及生平简介，这些内容是课本上没有的，但对于理解课文很有必要，所以这些是我们要记在笔记中的重要部分。

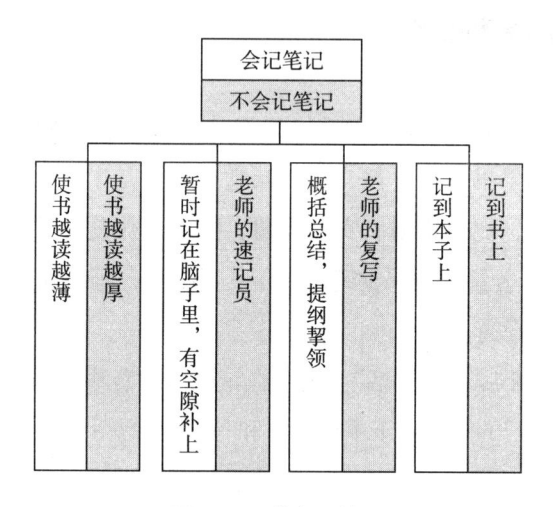

```
                    ┌──────────┐
                    │ 会记笔记 │
                    ├──────────┤
                    │不会记笔记│
                    └──────────┘
```

| 使书越读越薄 | 使书越读越厚 | 暂时记在脑子里，有空隙补上 | 老师的速记员 | 概括总结，提纲挈领 | 老师的复写 | 记到本子上 | 记到书上 |

图 5-3　学会记笔记

学会记康奈尔笔记

康奈尔笔记就是记录课堂重点、难点内容的，一般都会写在黑板上，你要把老师在黑板标注的每一部分的"粗体字标题"或者"框题"

都写到康奈尔笔记本上。这些粗体字标题下的重要内容，需要你详细地从书本上摘录到康奈尔笔记中。如果内容比较少，就直接记录；如果内容较多，就在书上画出来，然后在康奈尔笔记上标明该问题所在的页码和名称(在信息处理中称作信息地址码)。遇到课本上没有的、老师补充进来的内容，更应详细地记录下来。因为这样的内容大多是书本上没有但又非常重要的内容，是对该部分重点、难点内容的阐述，也是老师的"心血"所在，有利于学生更好地理解知识点。并且，这样的内容一旦没有记录全面，过后通常很难再找回来。

等到将来复习时，可以通过康奈尔笔记把老师讲课的精要和书本上的知识点再现出来。考试是以课本为纲的，切记不要因为简单或不重要就不去看了。

小贴士

康奈尔笔记使知识框架一开始就在大脑中形成，每一个知识点与上下左右的知识点互相联结成一张大的"知识网"。人的记忆特点就是"网状"的，当你把某一知识点遗忘时，可以通过周围各点与该点的联系，经过分析、推理、联想起来。同时，这样建立的联系又能加强记忆效果，达到理解性的记忆，形成长久的记忆效果，从而实现"把书读薄"。

五项全能听课法

五项全能听课法是帮助学生眼、耳、口、手、脑都开动起来的方法。多种器官并用，八项智能同时开发，根据课堂情境和老师要求达到统合综效、全神贯注、灵活机动的巅峰听课状态。这是高效率听课的方法之一。

> **小贴士**
>
> **五项全能听课法**
>
> 耳到,听老师讲,听同学发言、提问,听录音、听范读、听讲解,做到不漏听、不错听。
>
> 眼到,看课本、看板书、看挂图、看多媒体画面,看老师的教态。
>
> 口到,口说,包括复述、朗读、回答问题。
>
> 手到,做笔记、圈重点、批感想、做练习。
>
> 脑到,动脑筋,要精力集中、积极思考。

复习

通过预习,我们提高了听课效率,在课堂上利用康奈尔笔记进行合理巧记,当堂理解了重点、难点。这就让我们有效利用了课堂时间,真正到达了学习的第一层楼——听懂了。

子曰:"学而时习之,不亦说乎?""学"是指学习新的知识,"习"是指复习所学过的知识。复习实际上就是一个再学习的过程。平时学到的知识,在脑海里就像小圆点一样存在,很不起眼。如果不整理,这些圆点就会七零八落,甚至还会丢失。如果不复习,学到的知识就会被遗忘。谈到复习,有些学生认为"初中学习的科目很多,下午好不容易有一节自习课,也会被老师占用,我们连做作业的时间都没有"。也有住校生这样描述他们是如何进行复习的:上午老师讲完的课程,中午躺在床上回忆、复习,每天下午用同样的方式,利用休息的时间进行回忆,用的时间不多,效果非常好。

复习是学生对所学知识进行查漏补缺的过程,也是重新梳理所学知识、加深记忆的过程。复习是一个对所学知识反复、归纳、系统化和提高的过程。一般来说，我们掌握知识的规律主要有两条。一是大脑具有遗忘的特性。大脑记忆不像泥巴，在上面轻轻一按，就能留下一个印迹，它像海绵——只要手一离开它就立刻回弹，恢复原来的形状。所以，记忆新知识必须反复复习，只有这样才能有效地把所学的内容保存在大脑中。二是大脑善于记忆符合逻辑的事情。这就好比一堆积木散落在地上，看过一眼之后，你通常不会记住它们的排列形状。但是，如果有人将它们组装成火车、房子，只要看一眼，你就能记住，甚至还能自己动手做。

只有做好有效复习，才能够从第一层楼——听懂了，轻松地登上第二层楼——理解了。

小贴士

德国哲学家狄慈根说："重复是学习的母亲。"

古人所说的"温故而知新"，就是告诉人们复习不但能巩固旧知识，还能从中获得新的领悟。

可见，古今中外的圣贤无一例外地都很重视对知识的复习。

复习是学生对以前所学知识进行查漏补缺的过程，是对知识的再次梳理和系统化不可缺少的过程。

复习是要及时归纳、总结和记忆学过的知识，更重要的是将其进一步理解和吸收。俄国教育专家乌申斯基说过："应当用不断的复习来防止遗忘，而不要等到忘了以后再重新学习。"

根据遗忘规律安排复习

心理学家曾做过这样的实验：让三组学生熟记一首诗歌。第一组：

间隔一天复习。第二组：间隔三天复习。第三组：间隔六天复习。

要达到熟记的程度，第一组平均需要复习四次；第二组平均需要复习六次；第三组平均需要复习七次。复习时间间隔越短，复习次数越少。这一实验结果表明：及时复习，可以提高熟记的效果，节省学习时间；能增强记忆，减少遗忘，加深对所学知识的理解。这说明学习离不开复习，更离不开坚持不懈的努力。

桥梁专家茅以升教授曾说过："重复，重复，再重复。"就好像用刀子在石头上刻印痕一样，只划一刀，刀痕很浅，稍微把石头一磨，刀痕就消失了。如果反复在同一个地方刻上几十刀，就可以留下很深的印痕，再想让印痕消失就不容易了。

科学研究表明，遗忘的规律是先快后慢，见图5-4。

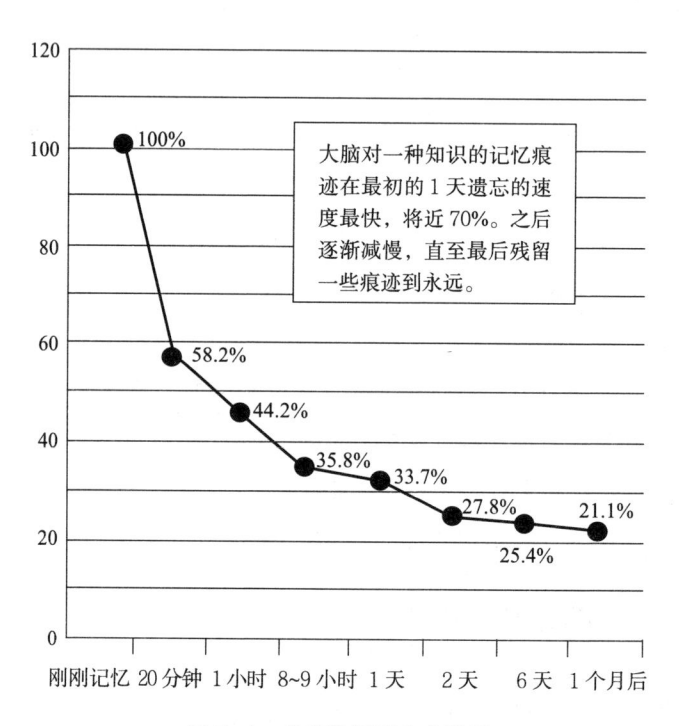

图5-4 艾宾浩斯遗忘曲线图

复习是学习的重要环节

复习是要把书上的、老师讲过的和自己原有的知识融会贯通，进行深入思考，将不理解或没有完全理解的进一步弄明白，将已经理解的加以巩固，起到承前启后的作用。

温故而知新
复习可以使学过的知识得到巩固，同时又获得新的认识和体会。你在平时的学习中往往有许多地方似懂非懂，甚至有些重要的内容被你忽略。通过复习，忽略的地方会被你注意到，对于以前理解不深的地方，也能深入理解，原来模糊的概念变得清晰起来。

新旧知识连接
有助于掌握新旧知识的内在联系，在脑子里逐渐形成知识网络结构。新旧知识之间本没有鸿沟，只是学习是分阶段、分层次、递进式的，才让人产生新旧知识之间好像隔了一堵墙一样的感觉。只有经过多次复习，掌握好旧知识，学习吸收新知识的能力才会增强，新旧知识才能连成一体。

复习时要综合归纳
通过综合归纳就能摸索出各章节甚至全册的主旨，去粗取精，掌握知识的精髓，实现学习过程的飞跃和升华。

复习的类型

很多同学没有适当休息就急于先写作业，导致在做作业的过程中无法集中精力，一会儿想上厕所，一会儿想喝水，家里只要有风吹草动就会受到影响；还会找各种借口，抱怨作业多、学习压力大，认为学习是痛苦的；等等。事实证明，这一系列问题出现的根源，是你在做作业前没有管理好自己的作息时间，也没有将当天的学习内容完全理解、消化，所以，慢慢地你对学习失去了信心，没有兴趣。做作业前，可以先对当天学习内容进行复习，做作业时就可事半功倍。复习都有哪些类型呢？一般来说，有以下四种类型（见表5-4）：及时复习、章节复习、单元复习和总复习。

及时复习

有的人把这种方法称为"过电影法"，即在头脑中把上课的每个关键问题"放映"一遍。绝大部分的一线老师都会建议并指导使用及时复习法，也就是所谓的"过电影"复习法。

表5-4 复习的类型及目的

复习的类型	复习的目的
及时复习	中午复习、作业前复习、零碎时间复习，达到有效记忆的目的
章节复习	构建每个章节知识架构图，形成知识立体结构图
单元复习	通过及时复习和章节复习的整合，形成知识的网络结构图
总复习	在考前备战，整合立体结构图和网络结构图，最终形成知识的体系网络结构图

老师上课讲的内容比较多，根据前文提到的艾宾浩斯遗忘曲线图所示，学生对刚学到的知识在20分钟之后只能记住58.2%，一个小时后仅能记住44.2%，一天以后能记住的就只剩下33.7%了。及时复习可以抵制遗忘。

（1）时间段选择

会学习的同学，会选择在课后的两三分钟内复习，趁热打铁，对上节课刚讲的内容进行小结。这两三分钟的记忆效果绝对胜于之后大段时间的复习。在复习时，不同科目的侧重点会有所不同。比如语文，老师讲的边缘知识会很多，仅用两三分钟不会解决太多问题，不妨打开课本浏览一遍课文，看看是否还有遗漏的生字、生词；数学的复习，最好利用这两三分钟熟悉一遍公式，尽可能地做一道题，以便加深理解，巩固课上所学定理。

除了选择课后的两三分钟进行及时复习外，也可以选择在同学之间互相讨论的方式进行复习，还可以利用碎块时间进行复习，比如：在放学回家的路上、在饭桌上、在晚上睡前等。

及时回忆复习的内容很多，在回忆时要把主要精力放在自己比较薄弱的环节上，一定要以基础知识为主。比如：回忆今天老师所讲的内容及老师的板书，老师提问了哪几个同学，那几位同学是如何回答的，自己当时做题的思路是怎样的。记不起来的地方一定是你的薄弱环节，或者没有理解和没听懂的内容，这就需要你将这些知识划为重点复习内容，记在归纳本里。

（2）如何及时进行回忆复习

首先，就像回忆电影一样，把学过的知识在脑海里"演绎"一遍。比如：今天上午学习了四门课，中午放学的路上可以一起和同学讨论自己的薄弱科目，也可以吃午饭时与父母分享今天自己最感兴趣的内容，不仅巩固了记忆，又加深了理解，同时利用零碎的时间进行了复习。

其次，做作业之前的第一项工作就是复习。记住，不复习一定不做作业。复习也是利用康奈尔笔记进行的。知识又是环环相扣的，为了更顺利地完成作业，必须提前将当天所学知识点进行整理，做到有备无患、有的放矢。作业是围绕所学知识点布置的，我们只要做到了这些，就能高质量地完成作业。

章节复习法

学习要不断地分析和总结，使所学的知识条理化、系统化和体系化。章节复习不是听课的简单重复，而是对听课内容的深化和巩固，是对课堂内容的精选和归纳。每个单元、每个章节的知识，都是由许多个小知识点构成的，仅仅掌握这些小知识点是远远不够的，还要通过归纳本（见表5-5）将这些小知识点连起来形成一条线，再由线到面，形成一个知识系统。

表 5-5 归纳本举例

科目：

时间	类型	归纳内容
	基础知识归纳	概念：一般现在时。（一般现在时主要表示经常和习惯性动作，现在的特征或者状态，普遍真理等。） 用法： 1.表示经常性动作的，比如：He often helps me with my English.（他经常帮我学英语。） 2.表示现在状态的，比如：Little Tom is 12 now.（小汤姆现在12岁了。） 3.表示普遍存在的真理的，比如：The moon moves round the earth.（月亮绕着地球转。）
	重要知识归纳	一般现在时，它的标志词就是以下的时间状语： often、always、usually、sometimes、everyday、never、once a week 等 一般现在时与这些时间状语连用： She goes shopping once a week.
	习题归纳	
归纳总结		

所以章节复习就是要抓住本章节知识主线，理出知识要点，根据自己的知识基础，有针对性地解决一些疑难问题，然后进行归纳整理，

在头脑中形成一个完整的知识系统。

其实，章节复习就是在为你构建知识结构体系。有了它就可以保证知识点之间能够相互衔接，变成知识网络，并且将知识点直观地陈列在你的面前，然后通过不断地巩固复习，让所学的知识点在你的大脑中逐渐清晰起来。

这样，我们在做作业、考试时，就能游刃有余、轻松有效。

单元复习法

"温故而知新"，学习是从局部知识点到建立整体知识网的过程，而单元复习是从整体到局部建立知识网的方法，也是"温故而知新"的过程。

单元复习是指在几个章节性课程学习结束后进行的一种系统复习。可选择难点较多的课程作为复习的重点。找出问题，复习就有了目标。此外，要安排好整段时间进行阶段性复习，建议利用双休日或节假日。

单元复习时要巧用课本目录，因为课本目录可以起到导读、启发的作用。尤其是单元目录，不仅显示本单元的章节及知识点，而且可以显示各知识点之间的联系。利用目录，并结合康奈尔笔记和归纳本，就可以得到非常简洁、清晰的知识结构。

单元复习的详细做法：打开课本，看看目录，按顺序回忆各个章节的知识点。比如数学的复习，要回忆概念、公式、性质、法则和解题方法，同时利用归纳本为本单元知识绘制网络图，遇到回忆不起来或者感觉模糊的内容，及时翻开康奈尔笔记进行查阅。这一方法也适用于其他科目的复习。

以初一数学"数与代数"这一章的第一节"有理数"为例（见图5–5）：

第一点，有理数的概念、数轴、相反数、绝对值等。

第二点，有理数的运算。有理数的加法、减法及其运算律，有理数的加减混合运算，有理数乘法的运算规律，有理数的除法、倒数、乘方、混合运算等。

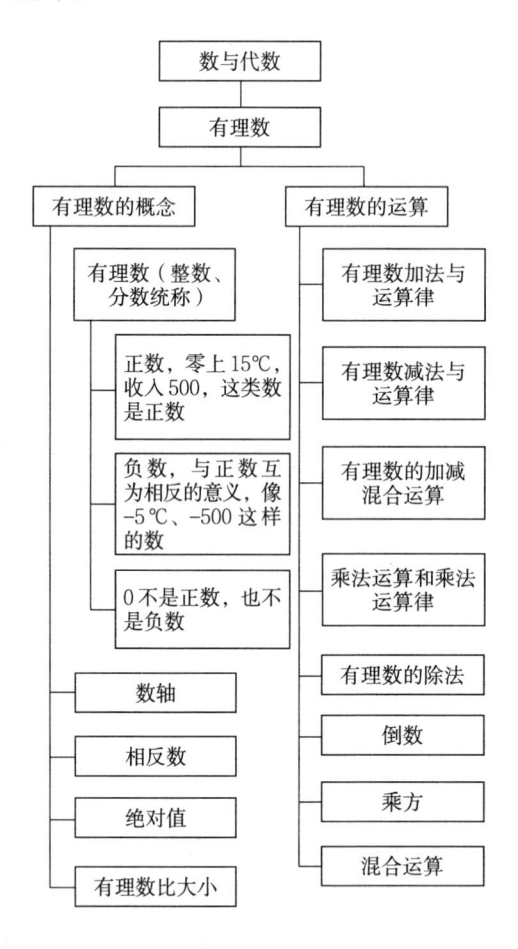

```
                        数与代数
                           │
                         有理数
                           │
              ┌────────────┴────────────┐
           有理数的概念              有理数的运算
              │                           │
        ┌─────┤                     ┌─────┤
        │ 有理数（整数、            │ 有理数加法与
        │ 分数统称）                │ 运算律
        ├─────────────              ├─────────────
        │ 正数，零上15℃，          │ 有理数减法与
        │ 收入500，这类数           │ 运算律
        │ 是正数                    │
        ├─────────────              ├─────────────
        │ 负数，与正数互            │ 有理数的加减
        │ 为相反的意义，像          │ 混合运算
        │ -5℃、-500这样             │
        │ 的数                      ├─────────────
        ├─────────────              │ 乘法运算和乘法
        │ 0不是正数，也不           │ 运算律
        │ 是负数                    │
        ├─────────────              ├─────────────
        │ 数轴                      │ 有理数的除法
        ├─────────────              ├─────────────
        │ 相反数                    │ 倒数
        ├─────────────              ├─────────────
        │ 绝对值                    │ 乘方
        ├─────────────              ├─────────────
        │ 有理数比大小              │ 混合运算
        └─────────────              └─────────────
```

图5-5 数与代数思维导图

单元复习的目的就是要把每个章节融会贯通，能够灵活运用每个知识点。很多学生在复习的时候，习惯于机械记忆，这种方式只能让自己停留在知识的表面，不能有效深入。甚至有些学生在进行单元复习时，走马观花，没有针对性，不清楚自己的薄弱环节，以至于在做

题时思路凌乱、大脑空白。

大脑中记忆与遗忘并存，有记忆就会有遗忘，时间长了，学过的知识点，自然有所遗忘。所以，在进行单元复习时，首先要厘清知识点之间的联系，查找漏洞、弥补不足，在夯实基础知识的同时，使知识更加系统化、条理化。

因此，每一个单元的结束，都需要你不断地对知识点及各种题型进行总结。使单元知识这张"网"越来越密，越来越大，越来越结实。

总复习

总复习是以基础知识、基本概念为重点，在牢固掌握基础知识、基本概念的基础上，有针对性地选做一些各章节典型的练习题，然后对本学期所学的知识进行归纳、整理，使之系统化、条理化，前后知识融会贯通的过程。

总复习的目的是加深理解、记忆，加强运用，巩固课堂学习成果。如果你平时的学习是把课本读厚的开始，那么，总复习就是你把课本读薄的过程。因为每一节、每一章的知识点，经过不断地总结、概括、归纳，已经形成了"独立"的知识结构。现在，你必须要做的，就是把这些"独立"的知识结构，再次进行有效整合，使整册教材中的知识点变成一张完整的树形网络图，达到学习知识、提升能力、开启智慧的目的。

很多学生发现，在复习中会有相同知识点不断地出现。其实这很正常，复习时，难免会有重点记忆的同一知识点重复出现，如果方法简单机械，很多学生就会对复习产生厌倦感。这时，可以依托四轮复习法进行高效的复习。

复习的最终目标就是要从总结中彻底理解，完全掌握所学知识，轻松备考。合理安排好各科总复习，全面系统地掌握所学知识，树立自信，不断地认识自己、充实自己、战胜自己、超越自己，最终走向成功。

总复习阶段，一定要注意各科在时间上的合理分配，使之齐头并进。

（1）第一轮：通览

这个环节在平时的及时复习和章节复习里已经巩固过了，小学高年级的学生，总复习的第一轮通览就是在期终考试前将康奈尔笔记进行整理归类，将自己所有的疑点和不容易理解的内容根据四轮复习法完整地记入归纳本中。

初、高中的同学，通览就是在考前看归纳本中总结出来的知识结构图。高三的同学通览应在学年寒假开始实行，将高中三年的各科目录都看一下，然后用归纳本记下自己遗漏的知识点。

（2）第二轮：精研

第一轮的通览，已经将自己的所有漏洞筛选出来，小学、初中的学生可以按章节进行复习，高三的学生可以在学年的12月底到3月初进行复习，筛选出的漏洞可以通过康奈尔笔记和归纳本，结合一拖三复习法逐个填补。

这一阶段要求学生处理好书本知识与课外题的关系，精研的目的是加深对理论知识的理解，挖掘自身潜能，提升知识应用能力。

精研过程中，先把书上的概念、公式、定理、定律的原理弄明白。因为考试永远是5+3+2的形式，50%都与基础知识直接关联，30%与基础知识有间接关系，20%的偏难题都是由很多基础题综合而来。

精研过程中，要处理好详与略的关系。即强弱科目协调复习，强科的复习安排时间少一点，弱科的复习安排时间多一点，但必须保证强科有一定的复习时间。复习时一定要注意各科均衡，即使在复习强科时，也不能掉以轻心，要精研强科中的弱项、弱科中的基础。大家可以制订一个精研安排表（见表5-6），遵照表里的安排进行复习。

表 5-6　精研安排表

科目：　　　　　　　　　制订日期：　　　　　　　　制订人：

时间	复习内容	达到目标	结果检验

（3）第三轮：训练

对于学生而言，训练是考前的模拟考试，或者是老师安排的专项练习。在这一轮的时候，要结合错题档案和自我诊疗，通过错题原因分析，查出病因，对症下药。这样做省时省力，轻松高效。

特别是高三的同学，要将时间安排在4—5月，完全抛开课本，专门针对错题档案，将所有的错题知识点再进行一次彻底的清理。弄清楚某个知识点还会如何考？为什么会这样考？这样考的目的是什么？解题方法除了这种还有别的吗？会有几种解题思路，这个知识点与哪个知识点有关联，为什么？解这类题的突破口是什么？有了这样的准备，你一定能取得好成绩。

训练阶段确实是要多练习，但不是搞"题海战"，只要我们通览和精研做得扎实，第三轮训练就是对所有错题及练习题的一个归纳和总结。同类型的题只做典型题，并主动寻求解题思路，总结解题方法，同时要学会练习一题多解，多题一解。

（4）第四轮：回顾

高考前的最后一个月，对很多人来说可能很特殊，其实那只是高中生活的1/36。一所好的学校不仅传授知识，还锤炼人的素质。在高考之前所要做的，只是把这种无形的素质转化为可被衡量的指标而已。

很多学校考前一个月都会调整作息时间。比如"五一"节后半天上课半天停课，考前一周左右全天停课等，这样的作息，就是想给学生更多地自主把握复习节奏的机会。

5月份做题的频率应逐渐降低，从前半个月每两天做一次模拟卷，到后半个月每三天做一次，保持"手感"就可以了。

一定要留时间自己做回顾复习。回顾复习就是拿起错题档案、归纳本就像翻看一本相册，将一张张照片连成故事一样，将知识点综合在脑海中形成一个体系。

复习的方法

尝试回忆

（1）先不要急着做作业

尝试回忆老师所讲的内容。可以拿出笔和纸，一边回忆一边往纸上写本节课的要点，这节课有几个问题，哪些问题理解了，哪些问题不理解，边回忆边把重点写出来。想不起来的地方，就是没掌握的地方，这些地方往往是你知识的死角或漏洞，也是预习和听课时做得不好的地方。弄清楚了，再看书、查笔记，你会自然地把回忆不起来的部分作为看书和整理笔记的重点，注意力一旦有所指向，目标感就会增强，这种通过回忆取得的学习效果明显优于直接看书。

（2）回忆就是不看书

独立地把老师讲课的内容回想一遍，自己考自己，专心致志地想问题，开动脑筋。有人将此比喻为"反刍"，就像牛在休息时让食物重回口腔、细细地加以咀嚼一样。实践证明，许多学生在学习时一遍遍地看书，很少合起书回忆书中的要点、思路、公式等。结果，书一看就懂，一放就忘。由于书一看就懂，不费脑筋，所以大脑兴奋不起来，常见有的学生看着看着书就睡着了。如果在学习时不断尝试回忆，把想出来的内容写在纸上，然后再看书，大脑始终处于积极、活跃的状态，学习效果一定会很好。

（3）尝试回忆的次数越多，记忆就越牢

如果急于赶进度，每天不去回忆学过的内容，看起来每天学了不少新内容，实际上忘记的内容也不少。与之进行比较，还是尝试回忆法优势多、收获大、用的时间少、记的内容多。

小贴士

尝试回忆的优势：

可以检查当天的听课效果。

可以提高自己的记忆能力。

可以提高看书和整理笔记的积极性，增强学习的主动性。

培养爱动脑筋的习惯，增强思维能力。

钻研教科书

回忆后，应从头至尾逐字逐句钻研课本。因为书上写的是需要掌握的最基本的概念和最基础的知识，要仔细阅读、认真思考、切实领会。对于已经理解和记住的部分，可少花时间，要把更多的时间花在记不清楚的部分。

整理康奈尔笔记

康奈尔笔记不应仅仅是上课的记录本，还应在课后进行整理，使之条理化、系统化，把它变成一份经常提炼加工的、适合自己使用的复习材料。

🖊 小贴士

整理康奈尔笔记的方法：

补充笔记中简略的部分，将简化的符号复原，把上课时没有记下的补上。

对重要的语句、名言、概念、公式、定理、定律等内容的准确性和完整性进行核实，把记得不太准确的部分更正过来。

确认预习时的疑难问题是否全部解决。

整理上课时未听清、听懂，以及课后复习时未理解的内容。

掌握知识点，厘清刚学过的与已经学过的知识的关系。

看参考书

课后复习时还应适当看一看参考书，这样既能博采众长，加深对原有知识的理解，又能起到扩充和引申的作用。

🖊 小贴士

看参考书的技巧：

每科选定一本较好的参考书。

首先看教科书，在对知识基本理解后再看参考书。

要围绕中心问题看参考书。

做好笔记，把参考书中的精彩部分、精彩题目摘录进笔记本的相应部分。

作业

预习完成后再听课，针对性就会很强，目的性非常明确，听课效率就会很高。听课时要有效地利用康奈尔笔记解决问题，补充课堂上老师总结的要点和特殊知识，使学习形成系统。课后通过及时复习巩固记忆，对知识点进行章节复习，使知识点连成线，然后进行单元复习，再使知识点连成一张网，进而利用归纳本将整个课本内容读薄。做这些的目的就是要让学生对所学的知识真正领悟。真正领悟的具体体现就是作业上的表现。这样，我们就从第二层楼——理解了，轻松地登上了第三层楼——学会了。

事实上，搞题海战术的学习效果并不好，很大程度上影响了学生的学习质量和健康发展，是造成一部分学生厌学的原因之一。此外，也存在着学生学习不得法，不知如何才能完成老师留的作业，即使完成了，完成质量也存在明显的不足，更不懂得如何通过做作业提高学习质量和成绩的现象。长此以往，因为做作业用时长、没有针对性、作业不能产生很好的学习效益，会使部分学生产生厌学思想。

把作业当成考试

在一定意义上讲，作业就是考试，考试就是作业。考试和作业本质上是一回事，只是形式上不同。比如一张试卷，如果老师说拿回家做，明天我们对答案，这就是作业，但如果老师说两个小时内做完交上来，就是考试。因此，我们可以把考试当成作业的一种特殊形式。

做作业的目的

对于为什么要做作业,很多学生没有形成正确的认识,认为作业是老师用来惩罚学生的方式,是令人头疼却必须辛苦完成的差事,是家长想把学生控制在家的一种手段……

有的学生一下课就拼命地赶作业,目的是为了逃避批评,图个表扬;作业不会时就查书,查不到时心里就厌烦,甚至抄别人的。这些现象的共同特点就是急于求成。如此一来,这些学生就会对作业不重视,把做作业看作一天中最痛苦的事情。在这样的状态下做作业,效果就很难保证。

究竟为什么要做作业?做作业主要是为了及时检查学习结果,找出漏洞,及时弥补,或者是使知识融会贯通,更好地迎接考试。

作业可以检查学习的效果

如果能够正确、快速地完成作业,说明你的预习、听课、复习做得到位,真正理解了所学知识。相反,如果作业不顺利、无法独立完成,说明你的某个学习环节出现了问题,没有真正理解所学知识,这时就需要及时弥补。

作业可以加深对所学知识的理解和巩固

课堂所学的知识是一种间接经验,而作业是通过实践把具体的问题和抽象的知识联系起来,把不同的问题进行归类,抽象知识具体化,达到使学生对知识的深化和理解。

作业、练习、应用是知识转化为技能的重要途径

作业的目的不仅是对所学知识的检查,更是提升能力的过程。这些能力包括运用知识的能力、逻辑思维能力、筛选信息的能力、语言

组织能力，等等。所以，作业可以促进相关技能的提升和智力水平的发展。

如何高效做作业

合理安排作业的时间并限时

作业时间按科目安排，要张弛有度，作业限时则是提高成绩的关键。很多学生是因为时间不够导致在考试中大量失分。比如，部分题目是完全没有时间做，或者部分题目因为时间紧张而做不全。全国著名应试辅导专家管卫东老师对一些综合性考试进行了调查统计：学生因为时间不够导致丢掉的分数达到 30 分左右。因此在做每门功课的作业时，必须严格执行时间管理，在规定时间内完成。比如：晚上老师留的作业有三门，其中，数学有一套练习卷，卷上有 10 道选择题，规定这 10 道题在 10 分钟内完成，一定要用闹铃提醒自己。考试时，一套试卷需要多长时间，一定要按题量、难易程度进行合理安排。

做题五想

做每一道题时，都需要如下步骤：

• 思考：该题考查的知识点是什么？

• 回忆：以前是否碰到过类似的题型？此类题型通常采用哪种方法考核？该类型题的突破口在哪儿？

• 反思：推导过程是否合理？逻辑是否严密？考虑是否全面？

• 检查：这道题做完后，得出的答案是否合乎逻辑？结果是否有误？

• 总结：此题是否有价值？价值何在？是否写入归纳本或错题档案？

结果检测

做完作业后，要利用"时间管理表"记录作业的时间（见表 5-7），保证作业质量，分析作业结果，找出漏洞，达到高质量的作业水平。

表 5-7　时间管理表

日期：

科目	项目	时间	结果	分析总结
英语	预习	22:00—22:05	超时 3 分钟	本节生、难单词较多
	复习	19:20—19:30	省时 2 分钟	听课效率高，都听懂了
	作业	19:40—20:10	省时 5 分钟	今天知识点完全掌握了
数学	预习	22:06—22:10	省时 1 分钟	内容较简单
	复习	22:11—22:20	超时 3 分钟	课堂知识没有完全消化
	作业	20:25—21:10	省时 6 分钟	复习时，归纳总结扎实，及时弥补了漏洞
语文	预习	20:11—20:15	刚好	较喜欢语文，基础扎实
	复习	21:11—21:15	省时 2 分钟	阅读速度快
	作业	21:20—21:55	省时 5 分钟	听课效率高，没有知识漏洞

按照这样的方法，坚持不懈，不但可以养成良好的学习习惯，还可以培养学习兴趣、增强信心，最重要的是可以及时找出漏洞，查漏补缺。

利用作业"时间管理表"，不仅能够帮助你摆脱为了作业而作业的心理，还能将作业进行合理、有效的安排，达到高效完成作业的目的。

作业质量取胜

某些学生的作业可以用"铺天盖地"形容，但是他们当中的很多人成绩毫无起色。这说明做题的关键不仅仅是单纯的数量问题，更是质量问题。谈到作业质量，银川艺博少年马同学是这样说的：

以前我的学习成绩很一般，也没有什么自信，但是我学习一直很用心，每天学习以"题海"为主，学习时间很长。到了高一的第二学期，我参加了艺博文化105天高效管理课程，艺博老师讲的每一项我都按照要求去做。刚开始有点不太习惯，感觉一项一项按程序做挺别扭的，但每当我想放弃的时候，总能看见艺博加油站给我的鼓励，我就想再坚持一天，就这样我坚持了28天。突然发现我做事情已经不用去强迫自己了，一切都是很自然的。尤其我用了时间管理之后，明显地感觉到自己的时间越来越充裕。作业基本上控制在1小时之内全科做完，秘诀就是我预习得扎实，听课效率高，课后复习及时，所以作业速度很快，也就多出大量的时间供我做精选题。

具体是这样做的：

- 对作业题目会摄取重要信息。做完之后还要认真琢磨，将所有的疑惑或是好的解题思路添加到归纳本的习题归纳里，以便于我更高效地复习和巩固记忆。

- 作业精选，只做不会的。会做的我不做，节省时间。我会在时间管理表里留出来1～1.5小时，用这属于自己的时间来做一些写作、研究等自己喜欢的事情。

- 对归纳本里的习题进行整理。将错题添加到错题档案中，时不时地"回炉"，半个学期过后，我觉得自己学得很轻松，老师和同学们也觉得奇怪，最主要是成绩大幅度提高了。

对作业综合题型的总结

作业中30%的题是对50%基础题的综合应用能力考核，而20%的偏难题也是以综合形式出现的。这一类型题，其考查的知识点就是解题的"工具"。

解题过程就是不断摸索有哪些"工具"适用于某道题的过程。通过预习、听课、复习、归纳本、错题档案等环节，学生已经对这些"工具"应用熟练了。因此，所有问题就都在"工具"的作用下迎刃而解。

以下面这道数学题为例。

一个数由数字 0 和 8 组成，并且是 15 的倍数，请问这个数最小的时候，它是 15 的几倍？

首先，看这道题的已知条件。一是 15 的倍数。15 的倍数肯定也是 3 和 5 的倍数，这里涉及了一个知识点——倍数。二是要求这个数的个位只能是 0。又因为这个数的各数字之间还是 3 的倍数，因此至少由 3 个 8 组成。

最后，得出结论。这个数最小是 8880，它是 15 的 592 倍。

把做过的综合题按照所考查知识点的不同，分别加入归纳本和错题档案，将考查基础知识的归为一类，考查特殊知识的归为一类，并总结题型和出题规律。

这样，在复习时就能够更快、更准确地把握重点，应对考试。

做作业的注意事项

读懂题目

审题八字诀：眼观、笔指、口读、脑想。

以英语为例，有这样一道作文题目，我们一起来看看怎么做。

What do you usually do on your computer？

审题：

1. 读懂题目：你通常在电脑上做些什么？

2. 分析出题人的意图。题目里有 usually（通常）这个单词，你一定会考虑这是在考查一般现在时的用法。那么，与这个单词有关的时间状语是哪些？ always（总是），often（经常），sometimes（有时），这些词都是频率副词，可以看出这道题完全是在考查它们的词义辨析。如果清楚这些，做起来就容易得多。

解题思路要灵活

数学、物理这类科目题目灵活多变，所有的题目都是围绕公式、概念而出，课本上的公式、概念是固定不变的，考试题型却千变万化，还是有不少拦路虎的。这类科目的美就在于这些公式的无穷变化，逻辑的缜密严谨。

规范化做题

答题格式标准化、步骤规范化，解题过程必须要步步清晰，不能省略步骤，要规范使用演算纸。

进行检查

根据题号，利用演算纸，一一对应检验，以免因粗心大意导致错误。

作业三不做

不复习不做作业

如果当天的学习内容没有记在脑子里，不复习就做作业，是无法做好当天作业的，作业效率一定很低，耽误时间也较多，可以说不复习做作业等于白做。在做每一门功课的作业之前，你必须复习这门功课当天所学的知识点，如概念、原理、定义及重点难点，做到心中有数，然后运用这些知识，再通过作业加深对新知识的理解。这样做作业的效率就会大大提高。

不计时不做作业

一定要让自己养成计时写作业的习惯，平时根据你的学习情况安排写作业的时间（至少 40~60 分钟）。计时做作业可以培养你的速度和习惯。在规定的时间内完成作业可以减少浮躁的心态，同时也会避免因作业时间过长而引起的疲劳。如果长期处于疲劳状态，不但对你的身心发展不利，同时也容易让你产生一些消极情绪，无法长期保持积极的学习状态。

不小结不做作业

不小结不做作业就是作业写完之后要总结归纳，如本次作业学到了什么，有什么样的心得体会。

作业一定做

一题多解

一道题目，应拓宽解题思路，应用更多的方法，并从中寻找巧妙的解法。比如，可以由因导果，也可以执果索因（见图5-6）。

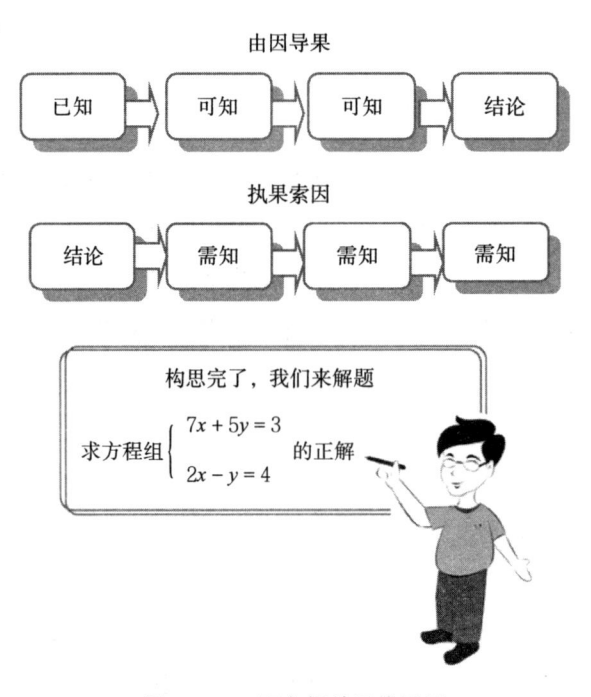

由因导果

已知 ▶ 可知 ▶ 可知 ▶ 结论

执果索因

结论 ▶ 需知 ▶ 需知 ▶ 需知

构思完了，我们来解题

求方程组 $\begin{cases} 7x + 5y = 3 \\ 2x - y = 4 \end{cases}$ 的正解

图5-6 一题多解的思维导图

一题多变

想想这道题能不能倒推、变通，如果变换提问方式能否做出来。

多题一解

多题一解就是对题目进行分析总结、比较归类。通过做作业提高学习成绩的关键在于，完成作业后你会对知识进行归纳和总结，从而使知识形成系统并牢记在你的脑海里。否则因作业而作业，只是在形式上完成作业而已。在学习过程中最忌讳的一件事就是题海战，题海战最容易导致学生产生厌学情绪。学会多题一解，不仅可以培养对事物的探索、研究精神，而且还能养成遇事多问为什么和进行比较的习惯，最终起到提升成绩和养成习惯的双重效益。

独立完成，尽量不请教别人

学会独立完成作业。如果不能独立思考，独立完成作业，总是看参考答案或抄同学的作业，就无法打开思路，找不到作业的乐趣。

五轮解题法

五轮解题法是引导学生正确解题、独立完成作业的方法，包括培养学生建立认识事物、思维判断、捕捉信息和独立思考的能力。运用这一方法，在完成作业的同时解题过程会在你的大脑中留下准确、完整、丰富、深刻的印象。

一次，北宋著名的射箭手陈尧咨在靶场表演百步穿杨的绝技，这时有个卖油的老头正从那里经过，看了后笑着说："这有什么了不起，只不过手法熟练些罢了！"

陈尧咨听了，不禁大怒，呵斥道："你这老头有什么本领，竟敢藐视我？"老头回答："我哪里敢藐视你，我只是从几十年的斟油经验中，知道事情熟练了，便会找出窍门儿的道理。"

说着，老头便从他的油担上取下一个葫芦，葫芦口上放一枚方孔铜钱，然后打了一勺油，高举油勺往葫芦里倒，倒下的油直得像一条线似的穿过钱孔进入葫芦中。油倒完了，老头把铜钱拿起来给大家看，钱孔周围竟没有一丝油渍，大家看了都赞叹不已。

老头微笑着对陈尧咨说："我这也没有什么了不起，只是熟能生巧罢了。"

卖油翁说不出倒油的诀窍，强调了"熟能生巧"。学习运用好"五轮解题法"，使解题轻松自如，并有创造性的变通，达到这种境界才能在面对问题时底气十足，甚至可以不假思索就能解决问题。

审题
审题是认真、仔细做题的第一步。

（1）第一步，笔指

人的视线具有"跳跃性"，如果用笔做"参照物"，一字一行地指，视线随笔走，就不会发生漏看现象。尤其在考试时，试卷上每一个有字符的"角落"都要指到，保证看到。坚决杜绝"跟我以前见过的题差不多，这个也应该是这样"的问题。当有此类想法时更应该加倍注意读题，因为越是熟悉的题越容易被忽略。

（2）第二步，眼观

笔指到哪儿眼就看到哪儿。题目中的每一个字、每一句话，以及每一个符号、每一个数据都要看清楚、看准确。因为题目一旦看错，之后的一切努力都是白费的。看错题目而做错的现象十分普遍，如最常见的数学问题——"增加到"和"增加了"，虽然只有一字之差，结果却完全不一样。

（3）第三步，口读

把指到和看到的每一个字都要小声读出来。记住是小声读，可千万别一读，旁边的同学都能听到。口读引起声带的振动，可以增强大脑接收信息的效果。

（4）第四步，脑想

仔细地把指到、看到、读到的信息分析归纳，一遍没有弄清再读一遍，把每一条读到的信息准确理解，把问题中的已知、未知和潜在的条件分析清楚，再联想以往解题时的有关思路和方法，把题目归入原有的知识系统中，从中推断未知与已知的关系，迅速准确地找到解题的途径。

构思

构思是在答题前必做的准备工作。越是大题，构思就显得越重要。

（1）指政治、历史的构思方法

构思的过程就是按照教材的线索，从最前面的内容开始，回忆章节内所有的内容，并逐一核对，把与本题有关的内容用草稿纸记下来，与本题无关的放弃，直到把涉及章节的对应部分回忆完，就等于收集了所有的答题素材。找答案应该先从课本入手，不管题目如何变化，答案都离不开课本。

这种思考方式叫作"检索"思维。用这种思维处理问题，可以使你从全局着眼，从细处入手，整体、部分全都能兼顾。因此用这种思维方式得出的信息（答案）最全面、最完整。

在收集素材的过程中，遇到自己认为与主题有点关联，但联系不太紧密的内容时，也要毫不犹豫地收集起来，这样可能会出现自己的答案比标准答案内容多一些的情况，只要不是错的就没问题，答题的原则就是"宁多毋少"。在考场上，由于紧张，很容易出现"记忆屏蔽现象"。在构思时，当你想到某个知识点时，一定要及时写出来，否则,暂时储存在大脑中,很容易在你想到后面的知识点时把它忘记,也就是把它屏蔽了。

答完课本上的内容后,还要再想一想,有没有自己在平时练习过程中答题时课本上未提及但与主题有联系的新观点,以及自己结合现实有感而发的新认识,要赶紧把它们写下来。这些内容属于个人发挥,也就是人们常说的你与他人拉开距离的地方。作答时不宜啰唆,要简明扼要、点到为止。

(2) 数理化中的大题构思方法

面对数理化的大题,先按照审题"八字要诀",把题意弄清楚,然后在草稿纸上动手推导,根据现有的已知条件推导出隐含条件,再将这些隐含条件和其他条件结合,推导出更深层次的隐含条件。一点点往结论上靠,每推导一步,你离结论就近一步,切忌一味地坐在那儿想却不动手。低年级的同学容易犯这类错误。

🖊 小贴士

一道题的构思方式无外乎三种:

一是从已知条件出发,直接推导出最后的结果,名曰"顺水推舟"。

二是从结论出发,逆向推导,当得出结论所需要的条件都成为已知条件时,题也就被解出来了,名曰"珍珠倒卷帘"。这两类题都属于比较简单的题型。

三是从已知条件出发进行推导,推导到一定程度,思路断了,再从结论出发,推导到一定程度,思路又断了,于是继续观察怎样把两个"断点"接上,是通过某个公式、定理,还是利用方程组,还是添加"辅助线"?如果仍没有进展,再换种思考方式,把你能想到的方法都列到演算纸上,分析它们之间能否交错组合,从而"柳暗花明",把问题解决。我把这种解题方式称为"左右逢源"。

中学的题比小学的题在思维逻辑上的要求高出许多。很少能够一眼就看出答案，一般每一题不推导五六步是看不出"题设"跟结论的联系的。

不急不躁，多方位思考，把信息摆到面前，检索思维，才是解决此类题型的关键。

解题

有些学生在做作业的时候马马虎虎，草率得出结果，然后和同学对答案，如果答案正确就算过去了，即便不对也不再查找原因。因为在做题的时候就想："对与不对，过一会儿和同学一对答案不就知道了。"这就降低了对自己的要求，时间长了就会存在一种依赖思想，总是抱着侥幸心理，考试的成绩就可想而知了。

还有一些学生平时做计算题的时候，准确率极高，但都是靠计算器做出来的。一旦用惯了计算器，一到考试做计算题，连最基本的运算都会感到困难。久而久之，运算能力就会退化，变得不爱动手，依赖计算器，到最后受害的还是自己。所以，做题要认真思考，做到脚踏实地，做错不可怕，怕的就是做错后从来不找原因，不做总结。

正确的解题思路是解题成功的关键，此外，只要正确表述、认真书写，力求做到思路清晰、论述严谨、行文简洁、计算准确、考虑周密、不顾此失彼，就能保证解题成功。

（1）由因导果

可以表述为："已知—可知—可知……"最后到达结论。

（2）执果索因

所谓"执果索因"，就是"结论—需知—需知……"这样一层一层地推导，直到已知条件被全部推导出来。这样，已知条件和结论之间的道路就打通了。对于一些比较复杂的题目，需要我们综合使用由因导果和执导索因两种办法，尽量缩短条件与结论的距离。即一方面从已知条件推出一些可知的中间结果，另一方面根据题目的要求分析出一些需知的中间结果。需知与已知一旦统一，则可得到解题的途径。

（3）做到准确

我国著名的科学家钱学森说过："科学是严肃的、严格的、严密的，是不允许马虎的，所以科学技术工作者必须首先有良好的科学工作习惯。"这种科学工作习惯不是凭空得来的，他要求治学者从小事做起，每一道题，每一个标点符号都要力求准确、规范，从初中开始就要培养"三严"的学习习惯，树立"三严"的学风。平时练习要严格要求自己，多训练，使会做的题都做对。

（4）做到规范性

规范性就是指解题时严格按照统一规定的标准和格式或老师的要求去做。做题规范的基本要求是：书写工整、条理清楚、简明易看、行直边齐、留有空白。这样有问题时检查起来快捷，有错漏时改正、补充起来方便，老师批阅时明了，复习时查看方便。

（5）做到快速

快速指做题的效率要高。在做对写好的前提下，有意识地训练自己快速解题的能力。要对自己提出要求，在规定的时间内完成一定数量的作业，加强训练，使作业做得又快又好。

每一个科目的每一类题型，都有不同的格式和步骤的要求，有的非常烦琐，仅靠机械的记忆是不够的。最好的方法是平时每做一道题，把所有应该注意的问题重复一下，从而强化记忆。

一定要在平时养成严谨的态度和习惯，才能堵住考试中会出现的所有漏洞。考前"临时抱佛脚"的做法只能堵住个别漏洞，时间长了会漏洞百出，不能从根本上解决问题，"头痛医头，脚痛医脚"的学习方式，不会有多大作用。

（6）培养准确、快速的数学运算能力

运算不跳步，少用"心算"。心算特别容易使人在考试中犯错误。这是因为人在紧张的快速思考模式下，大脑容易对思考过的内容形成"固定模式"，这在心理学中称之为"思维定式"，这些"思维定式"有时正确，有时也会误事，使人不能从错误中走出来。

避免的办法就是多用笔算。在处理多位数的计算、去（添）括号、合并同类项等这些特别容易出错的环节时，应该加倍注意。即使有了错误，也可以通过对前面的每一个环节进行检查，及时修正。也许有的学生会问："让我们在考试中快速答题又要求运算不跳步，少用心算，那岂不是越做越慢？"表面上看起来可能会慢了点，实际上综合速度提高了。

考试是准确度与速度的双项考核，准确度是第一位的。考试不是考查考生在测试中做了多少题，而是看做正确了几道题。如果一道题一遍不能计算正确，这就意味着这道题最少要被计算三遍：第一遍算出一个答案，第二遍又得出一个答案，肯定要做第三遍以验证前两遍的结果。如果一开始做得仔细一些，一遍做对，就算做得慢些，整体算下来速度还是快了。有的学生曾经问我：考试进行检查时，有很多时候把原来做正确的题改错了。如何克服这种没有自信的弱点？要克服这一弱点，就要在平时的练习中养成好习惯；在考场上做题严谨，放慢速度，保证一次做对，不做反复修改，实现"零缺陷"解题；会做的题一定要做得又对又完整，半分不丢。

做好检查

做好检查就是回过头来再检查一遍，看看题目所要求的解是否都求出来了，有没有漏解；求出的解是否都符合题目的要求，有没有错解。检查是培养学生独立思考能力的重要一环。

> 小贴士
>
> 步步检查法：即从审题开始，一步步检查。这种方法可以检查出计算、表达上的错误。
>
> 重做法：即重做一遍，看结果是否一样。
>
> 代入法：将计算结果代入公式或式子，看看是否合理。同时，还要注意锻炼一题多解、一题多想、比较归类的解题习惯，提高自己分析问题和解决问题的能力。

对于"基础知识内容多、容量大、难度低、直接用心算"的题，一定做好检查。特别是一些看似简单的题目，要做到"运算不跳步，少用心算"，尽可能使用演算纸，尽可能地涵盖给分点，以免因跳步漏掉重要得分公式和必要的得分步骤。

演算纸

演算纸应该清晰整洁。比如，在数学中存在大量的计算，因此，演算纸是重要的计算工具，它的使用科学与否，直接影响到计算速度、准确度及考生在考场上的情绪。

大多数的同学在使用演算纸时，都是中间"开花"，时而正面时而反面，等到把所有演算纸"画"完了，然后就"填空"，哪儿有空白就往哪儿写，毫无章法和规律可言。

考试进行到最后阶段，老师提醒："同学们，还有10分钟就该交卷了，做完的同学检查一下，没有做完的同学抓紧时间。"再看有些学生毛手毛脚，满头大汗，东翻西找，甚至有的学生钻到桌子底下去翻地下的废纸。怎么回事？原来刚才做过的题一个条件在这儿，一个条件不知写到哪儿去了，找了半天找不到，还得重新算一遍。由于没有多少时间了，心里特别紧张，很简单的一步也要算上好几遍，终于算完了，该往试卷上写了，也该交卷了，出了考场，大呼倒霉，有道题会做却没写上。

如果不是找来找去，忙中出错，又算来算去地浪费了时间，像这样的题完全可以轻松得分，毕竟考场上的时间有限，做无用功的时间越多，可利用的时间就越少，因此必须提高时间的利用率。做到这一点并不太难，但必须在平时下功夫，使之成为一种习惯。

考试

明确考试目的

所有的父母对孩子的期望都是一样的，不仅希望孩子长得健健康康，还希望孩子能够有优秀的学业、美好的未来。然而，考试成绩一出来，总是几家欢喜几家愁。学习成绩成为衡量孩子的唯一标准，左右着家长和孩子最敏感的神经，只要轻轻地一碰，双方马上都有很大反应。

不是说考试不重要，而是很多时候我们偏离了考试的本质，误解了考试本身的意义；并非成绩不重要，而是我们不能只看到了几组简单的数据，放大分数的价值，忽略分数背后的原因。很多学生试卷一拿到手，成绩不理想时绝对不看第二眼，塞进书包，尽可能地回避。这样的态度只能让他们永远没有"翻身"之日。其实，考得到底如何已经不重要了，最重要的是考试后该怎么办。失误一定有原因，考试后的试卷分析才是我们切切实实需要做的，只有分析出原因，做出调整方案，并及时解决暴露出的问题，才有"翻身"之日，才能从第三层楼——学会了，轻松地登上第四层楼——掌握了。

> 📝 **小贴士**
>
> 考试的目的：
>
> 对自己所学知识的检验。
>
> 找出自己所学知识的漏洞。

应对考试必做的准备

考试考不好，是天大的好事！因为这能帮我们找到平时没能掌握的知识点。

考试不仅是考查学生在某一时期内对知识的掌握情况的一种手段，也是检验学生各种学习技能及综合素质的一种方式。

考试能够帮助我们发现学习中的薄弱环节，从而有针对性地修订学习计划、改进学习方法，更全面掌握所学的知识。平时没有学好，就不要奢望在考试中取得好成绩。当然，考不好也不要灰心，要总结原因，争取下次考好。如果相信自己平时学得不错，就不要担心考不好。考试中暴露出来的问题就是自己不会的知识点，考试是好事！

考试就是用有限的时间做大量的题目，调整好心态，做好考试准备，掌握好考试的方法，找到答题的思路，就一定能考出好成绩。

如何才能掌握考试的技巧，使自己获得一个满意的结果呢？把每次考试当作一次复习、一次作业，心态上放轻松，同时必须要做好充分的准备，不打无准备的仗。

做好心理准备——要有一颗平常心，树立自信心

考试是对基础知识、学习素质及各种能力的全面检查，如果相信自己平时学得不错，就不要担心考不好。当遇到难题时，你一定要这样想，同一个老师，同一套教材，你会做的题目，别人也会做，所以考生之间的较量不是在不会的题目上，而是在会做的题目上看谁丢分最少。面对陌生的题目，保持内心的坦然平和，就能超常发挥。

我有一个曾经获得全国奥林匹克数学竞赛一等奖的学生。在当年高考中，他给自己设定的目标是数学得满分。考数学的时候，刚开始他按自己的计划答题，结果选择题还没做完，坐在后面的学生就开始翻卷子了，而且声音很大。

我这个学生就开始琢磨了："怎么回事？我以为我水平够高的了，怎么他比我更高？"他情绪一波动，注意力就分散了，好不容易重新让自己集中注意力，后面的同学又翻卷子了。更可怕的事还在后面，那个同学提前半个小时交卷时，我的这个学生还有两道大题没做呢！一看这种情况，他几乎崩溃了，心想：完了，今年的这套题肯定不适合我，或者我前面的题做得太慢了……结果，最后那两道题思路不清楚，只能匆匆做完。

下午考试时他看到那个同学，一问得知是体育特长生。选择题是顺着ABCD胡乱填写的，填空题也是找比较熟悉的数字填上的。

这个学生竟然把一个获得全国奥林匹克数学竞赛一等奖的学生吓得乱了方寸，可见，学生的心理素质有多么重要。

小贴士

面对考试的正确心态：

考试高分：总结经验再接再厉。

基础薄弱，"欠账"太多：及时把"欠账"补上。

基础缺陷：认真复习教材，弥补缺陷。

粗心大意：吸取教训，一丝不苟。

不要怕出错

无论平时参加的大型考试多么重要，都不会决定你的命运，所以不要怕出错。把这样的考试当作一次心理磨炼、素质提升的过程，即使出错，也能督促自己查漏补缺。用这样的心态，面对大型考试，正确率反而更高。

做好知识准备

有效利用康奈尔笔记。考前打开康奈尔笔记，从预习栏看自己的重点、难点有哪些，在听课栏看自己的问题解决了哪些，在复习栏看这些问题有没有被解决，在思考栏进行举一反三，最后看自己对这个知识点的解题思路、题型总结、方法归纳。

> **小贴士**
>
> 考试注意事项：
> 审题：读懂题目。
> 分析出题人意图：考查哪个知识点。
> 根据难易程度，合理安排答题时间。
> 答题时要规范使用演算纸，规范答题。

做好物质准备

物质准备指准备一切考试使用的工具。

提前准备好考试所用的工具，不能空着手上考场。如考试所用的2B铅笔、签字笔、橡皮、圆规、尺子、身份证、准考证等，都应在考试前一天晚上就准备好并放到文件袋中。一定要注意拿好身份证、准考证，在每年的中考或高考中，有不少学生到了考场才发现没有拿身份证、准考证，这是最致命的错误，就算急忙取回来赶上了考试，也会影响考试的情绪，所以一定要提前准备好一切考试用品。

确定考试当天要穿的衣服，并单独放置，不要到了考试当日早晨，因为挑选衣服而耽误时间。

不要自己夹带草稿纸，不要把手机或电子设备带入考场。

考察好交通路线，提前熟悉考场环境。

做好行为准备

（1）培养一次就做对的习惯

很多同学，遇到会做的题目，不认真审题就快速去做，想用争取来的时间去做不会做的题目，却把会做的题做错了。殊不知，前面选择题和后面的大题，难易差距很大，但是分值是一样的。也不要一心想加快速度，同样能把会做的题做错，导致做题的质量下降。这两种情况都容易造成会做的题目丢了分，不会做的题目根本得不到分的局面。这才是最耽误时间的，也是无法取得好成绩的根本原因。所以，一定要培养自己一次就做对的习惯。

（2）控制好速度

多长时间做一道选择题比较合理？多长时间做一道填空题比较合理？这不能一概而论，应该用你平时做题的速度，不要刻意告诉自己，考试的时候要加快速度，不要担心做慢了会做不完，要按照平时训练的速度，踏踏实实地往前推进。

（3）简单题得满分，中档题多得分，难题能得分

简单题得满分，中档题多得分，难题能得分，这就是所有人在考试中要做到的。大型考试最后那些题，在不会答的情况下，放弃是一种智慧，也是一种勇气。一个成绩中等的学生，如果把精力放到最后那道难题上，就是大错特错。考试中要对每一道题的得分率有一定的

要求，不要把精力放在最后一道大题上。当然，考试不必费力去做最后的那道题，绝不是要你最后那道题可以不得分。你应该有这样的心态，反正最后那道题我也不想得满分，能得个三四分就行了。这样一想，你反而更有自信了。

应对考试的方法

浏览试卷

当拿到试卷时，先做个深呼吸，让自己凝神聚力，冷静沉着地看试卷。花 2~3 分钟迅速浏览整张试卷，一丝不苟地把全部试题浏览一遍，正确理解题意，确认题型和价值，如计算题、判断正误题、选择题、论述题等，每一题多少分，以便合理分配考试时间。

心理暗示：战斗开始，必胜！

审题

审题就是看清楚题干给出的条件，并明确题目的要求。审题一定要仔细。题目中暗藏着解题的关键字，如果这个关键字没有读懂，要么找不着解题的关键，要么误读了这道题目。在误读的基础上做这道题，也许你会感觉很轻松，但很难得分。所以审题一定要仔细，一旦把题意弄明白了，这个题目也就容易做对了。会做的题不耗费你的时间，真正耗费时间的是审题的过程，只要找对思路，答题并不会占用多少时间。

答题

在答每一题之前先判断，会做的快做，不会的圈起来，有时间再做。这样可以增强自信心，自己掌握的知识可以完全反映到试卷上。如果在做题的过程中，遇到了难题，三五分钟还不知从何入手的题，就先放下，做后面的，等其他题做完了，有时间再回头做这一题。否则，不果断跳过，不仅耗费了有限的考试时间，还可能弄得后面会做的题也没时间去做，挫伤你的自信心，增加紧张心理，出现思路阻塞，使本来会做的题也不会做了。

有的同学遇到大题不会做时，会有负面的心理暗示：完了，这道题不会做，这次要考砸了，导致发挥失常，会做的题也没有做好。其实，大可不必，拿一副好牌，打好了，不算本事，有本事的是拿了一副坏牌，但能打得很好。考试不仅是对学习内容的考核，也是对意志、逆境适应能力的考核。

检查

最好留出检查试卷的时间。只要时间许可，一定要从头到尾检查一遍。在检查试卷时，一定要静下心来仔细检查。因为一个错字，一个标点符号或计算失误而导致一道题做错，是十分遗憾的事。所以，答卷时要认真，充分利用时间进行验证，避免不应该有的错误，从过程到答案都要力求准确。

注意卷面整洁

整洁的卷面会给自己带来愉悦的心情，给阅卷老师一个好印象，也便于发回试卷以后修正。

小贴士

学习应试技巧口诀：
选择填空要注意，谨防掉进小陷阱。
大题专心多思考，切勿轻易说放弃。
思考五分无头绪，不如先做简易题。
题目很长不可怕，只要认真加思考。

题目很短不麻痹，认真读题看仔细。

考试难题要记录，个个搞懂很重要。

认真对待习与试，努力学习且复习。

记录错题很重要，大考状元的绝招。

相信：人难我难我不畏难，人易我易我不大意！

做好考试分析

每次考试结束，总是几家欢喜几家愁。不管是学校、老师、家长，还是学生，都特别注重成绩。有人说："成绩才是硬道理，素质教育是拿成绩来衡量的。"这话太绝对，忽略事情的根本，就是因为很多人拿成绩将孩子分类，盲目地追求课外辅导，才致使孩子变成了分数的奴隶。很少有人认真想过，成绩不好的真正原因是什么？现在，就让我们静下心来分析，考试丢分究竟丢到哪里了，为什么丢，怎么办。我相信分析比抱怨、比补课更重要！

在试卷分析之前让我们一起来做一个问卷，看看我们到底是怎么回事？

> **小测试**

考试前，你所有的运动、爱好全部都要为考试让道？
　　是□　　不是□　　差不多□

考试前，你总是会想如果考不好怎么办？
　　是□　　不是□　　差不多□

考试时，你总是非常紧张，平时记得很熟，一到考试就忘了？
　　是□　　不是□　　差不多□

考试时，你会将大量的时间用在不会的题目上，导致会做的没做完？
是□   不是□   差不多□

考试时，你常会看错题目，或是对原本会的题粗心大意？
是□   不是□   差不多□

分析试卷的特点

分析试卷，可先从以下几个方面来进行（见表5-8）：内容结构分析、目标结构分析、题型结构分析、分数结构分析、难易结构分析。

表5-8 试卷分析

分析项目		分析内容
内容结构分析		通过对考查范围、知识点的比例和题型分值的分析，掌握命题特点
目标结构分析		按照5+3+2（50%基础知识考核+30%综合应用能力考核+20%解题技能考核）形式列出
题型结构分析		各类题型所占比例的分析
分数结构分析		各类题型及其相对应的分值分析
难易结构分析	小学	7:2:1（50%基础知识考核难度达到70%，30%综合应用能力考核难度达到20%，20%解题技能考核难度达到10%）
	初中	6:2:2（50%基础知识考核难度达到60%，30%综合应用能力考核难度达到20%，20%解题技能考核难度达到20%）
	高中	3:5:2（50%基础知识考核难度达到30%，30%综合应用能力考核难度达到50%，20%解题技能考核难度达到20%）

分类统计

各题统计数据：根据题型难度算出得分率及失分率。比如，艺博少年张同学在某次考试中，语文失分19分，其中基础题失6.5分，占34.2%，现代文阅读失11.5分，占60.5%，古文失1分，占5.3%。

原因分析及整改方案

通过自我诊疗，将自己的"病症"列入档案（见表5-9），并针对遗漏的知识进行弥补，对症下药，确保下次考试时不在同一个地方再次"摔倒"。

表5-9　学科试卷分析表

___年级第___学期___学科试卷分析表

姓名：	得分（率）：	失分（率）：
客观题难度系数	答错人数/参加人数	
主观题难度系数	平均失分人数/该题分数	
总难度系数	（主观题得分+客观题得分）/总分	
中高考难度系数对照	中考：0.65～0.75　高考：0.55～0.60	

试卷分析

题号	答题情况分析	应对措施
第　题		
第　题		
第　题		
第　题		
第　题		

总体情况分析

考试总结

现在，让我们尝试总结艺博少年张同学这次考试的总体情况。

（1）文言文默写失 1 分

因为错字。虽然平时没有错字，考试时却出现了，原因是对文言文还不够熟悉。在以后的学习中应多注意文言文默写，并及时进行归纳本的特殊知识整理。

（2）对作者及课文的有关常识掌握不够，失 0.5 分

因为对每篇文章的注解不够重视，所以在以后的学习中，每学一篇文章在预习时就要将注解内容中不理解的部分写入康奈尔笔记的预习栏。

（3）在词的引申、意义、比喻、解释中没有加入文章的内容，失 1 分

因为每篇文章的写作特点不同，字词句的分析要同文章的特点挂钩。比如，朱自清的《威尼斯》有"口语化"的特点，在分析句子时没有提到，失 0.5 分，因而要审清题意，不可疏漏。

🖊 小贴士

改变一种学法，就意味着改变一种人生！让我们从现在起：我学习，我改变，我行动！

错题档案

教训与经验同样重要

教训与经验同样重要，人类社会是从教训、错误和失败中一路走过来的。

德国出生的美籍电机工程师斯坦门茨，20世纪初期移居美国，在一家小公司里任职。

美国福特公司的一台电机出了故障，请了许多人，花了两三个月的时间也修不好，无奈之下请来了斯坦门茨。

斯坦门茨在电机旁进行了仔细观察，听取了老板对电机故障现象的如实陈述，两天后终于查出了故障原因。

他用粉笔在故障电机外壳上画了一条线，说："打开电机，在我做记号的地方把里面的线圈拆除16匝。"

人们半信半疑地照他的话去做了。结果，故障真的排除了。

修理这台电机，斯坦门茨的报价是10000美元。

老板问他："用粉笔画一道线要10000美元？"

斯坦门茨在费用清单上写道："用粉笔画线1美元，知道在哪里画线9999美元。"福特公司照付了，并且重金聘用了他。

正确对待错题档案

你面对错题，是怎样的心态？是表5-10中的左边栏还是右边栏中的心态？

表5-10 面对错题的心态

错误的心态	正确的心态
有强烈的挫败感 对错题有抵触情绪 对错误感到难为情 害怕面对错题 怕父母责骂 觉得自己不是学习的料	找到了学习的漏洞 留意收集自己的错题 分析自己错误的原因 根据错题再次学习并掌握 请父母监督自己建立错题集 想办法避免犯同样的错误

每次做错题，你是否感受到了强烈的挫败感，并因此感觉自己很

没用、很无能。

当作业发下来、试卷发下来，如果看到有很多错题，你是否觉得自己能力不行，很努力也没有用。

当同学、老师用同情、怀疑的目光看过来时，你是否感觉无地自容。

当成绩不好时，你是否有放弃的感觉，觉得对不起老师，对不起父母。

当老师讲解时，你会认真听，但有时听漏了或者没有理解时，不好意思问同学或向老师请教，觉得没面子。

王聪：高考总分 698 分。

单科成绩：语文 130 分、数学 149 分、英语 137 分、文科综合 282 分。

我的学习方法很简单，就是当天的问题一定要在当天解决。

我会永远把一本备忘本放在身上：

上课听不懂的地方，马上记录，下课就去问老师；

回家写作业，什么地方弄不懂，记到小本子上，第二天赶紧解决；

用这个小本子背英语单词最有效，一天记上三五个，上学路上、放学途中随时拿出来看看，不知不觉就记住了。

学习不能欠账，有问题一定要及时解决。这个小本子陪伴我走过初中、高中，一直走进大学。

错题档案应收录的错题及应对措施

错题档案中可以收录什么类型的错

老师课堂上讲过，但没有听懂的题。

复习时发现的不会做的题。

平时作业里常做错的题。

平常考试时常丢分的题。

注意，一定要把上述错题分门别类地记录到错题档案中。

查明错误原因

找到原因，知道错在哪里，是审题错误，还是审题不到位；是潜在的已知条件没有挖掘出来，还是概念不清；是思路混乱，试图蒙混过关，还是由于粗心大意导致；等等。不能把所有的问题归为粗心大意，归为计算错误。人的本能是避重就轻，但避重就轻的后果就是这些小毛病永远得不到解决。修正错误，提升能力，成绩自然会提高。表5-11是一些错误的原因及应对方法，供大家参考。

表5-11　错误的原因及应对方法

错误的原因	应对方法
粗心大意 学习初期对知识不理解 对知识生疏或遗忘 解题思路出了问题	找到原因→知道错在哪 是怎么错的→应该如何改正 修正并掌握能力→成绩自然会提高

建立错题本

发现错误后将错题及时收录在错题本里，把自己做过的作业、习题、试卷中的错题整理归类，以便找出自己在学习中的薄弱环节、突出问题，使学习更有针对性。

下面让我们来看一个错题的范例（见表5-12）：

表5-12　错题范例

步骤	范例
记录错题	某工厂有10个人组成的一个小组，由1名组长和9个普通组员组成。每个普通组员平均一天装配15台机器，而组长比全组的平均装配量多装配9台。那么，这个小组在一个工作日内一共可以装配多少台机器 【错解】$15 \times 9 + (15+9) = 159$（台）

(续表)

步骤	范例
分析原因	表面上看，这道题做错是因为马虎，实际上是因为对"平均数"的理解不到位。在这里，"每个普通组员平均一天装配量"与"全组的平均装配量"实际上是两个不同的概念，前者是9个人的平均值，而后者是10个人的平均值。解题者将这两个概念混淆了，所以导致解题错误
思考正解	解这道题，需要知道组长一天能装配多少台机器。而要知道组长的装配量，又要知道10个人的平均值。所以本题需要先把平均值算出来。由于组长比10个人的平均值要多出9台，也就是说将这多余的9台平均分给其他9个人，那么每个普通组员的装配量就达到了10个人的平均值，则组长的装配量为16+9=25（台）。所以，全组一天的装配量为15×9+25=160（台）
改正错误	10个人的平均值为15+(9/9)=16（台）。可以将该题归到有关平均数知识的章节，也可以将它归为易错应用题类别
评级归类	因为这道题涉及重要知识点的理解，而且是易错题，所以可以给它评为"很重要"，即用两颗星在题目上予以标记
查漏补缺	以上分析进行完之后，可以先放两天。然后再重新做一遍，直到完全做对、弄懂为止。在后来的学习中，如果发现这道题还有其他解法，可以把一题多解全部列出来。此外，如果发现一些和此题非常类似，或者相关度很高的题目，也可以补充进来。当期中、期末考试临近时，翻阅错题本的作用尤其巨大
相互交流	本题还可以利用平均数的性质找到另外一种解法：全组一天的装配量=10个人的平均值×人数，即16×10=160（台）

用好错题档案

错题档案是用来消灭错误的，而不是把错题集中起来，要"变废为宝"。

（1）经常阅读错题档案

错题档案要在下一次考试前，经常拿出来浏览，或将错题再做一遍，在今后遇到同类问题时，会立刻回想起曾经犯过的错误，避免再犯。要做到同一道题不能错两次，同一类题目不能错两次，从而减少出错率。

（2）相互交流错题档案

由于基础不同，学生之间建立的错题档案也不同，通过交流，可以从别人的错误中吸取教训，得到启发，以此警示自己不犯同样的错误，提高做题的准确性。

（3）持之以恒

很多学生知道建立错题档案的重要性，由于种种原因没有坚持下来。对待错误可能没有所谓最好的杜绝方法，但只要坚持不懈，建立错题档案就是避免重复犯错的一个好办法。

如果把这些方法运用到实际学习中去，你一定能收到很好的效果。

小贴士

学习的三个阶段：

第一阶段"领会"，别人领着会了。

第二阶段"理解"，自己从道理上能接受了。

第三阶段"掌握"，能用手掌将其握住，随心所欲地使用。

一道题多遍做——知识的"反刍"：

解题过程就是把一个个自己运用得不熟练的知识，变得"得心应手"，能够熟练运用。

错题档案的应用实战

整理错题档案是一种处理问题的方法，是在做题之前，先对整个过程进行"检索"，把自己的问题找出来，然后把主要精力放到"补缺"上，并做好"积累记录"，以解决问题为根本，以不变应万变，省时高效。

第五章 程序管理——把学习程序化

解题就是把一个个自己运用得不熟练的知识，变得"得心应手"，能够熟练运用的过程。要想使这一过程时间缩短，提高解题速度，就要求平时多积累"素材"，能够记住相当数量的"解题模式"或"解题思路"。

一道题多遍做，就是对一道题反复地"玩味"，反复地"咀嚼"，从而深深地"参悟"出这一类型题目的"共性"，也就是解题"窍门"和解题注意事项，真正做到"举一反三，闻一知十"。

伟大的领袖毛泽东在军事上曾有一非常形象的说法："伤其十指，不如断其一指。"这句话是说，打仗时，敌人来犯，他来了十个指头，如果我们倾尽全力，把敌人的十个指头全打得流了血，他疼得退回去了，休息几天，养好了伤又来侵犯我们。如果，他的十个指头来了，我们集中力量就打他的一个指头直到打断，他回去无论怎样休养也不可能再长出一个指头。再来侵犯，就再断一个，敌人就会越来越少，直到彻底被消灭。

建立错题案，目的是要做到：只要是老师讲过的，只要是曾经做过的，只要是曾经错过的，不仅在最近的考试中不会错，而且在以后的每一次考试中都很难再错。

后记

爱，让我们活着！

经常有人问我："是什么让艺博被政府、社会、各级学校、家长、青少年接纳和认可，被 1000 多所学校及教育机构邀请，成立了带动教育科学研究推广中心和国际家庭教育行业协会？"总结之后，艺博做到了两点。

第一点：爱人如己，己愈多！"我、我们，承诺创造一个爱心、责任、付出的世界！"我们相信爱，是用无私、倾力付出才有的现在。孔子周游列国，说"仁者爱人"，于是五千年中华文明福泽深厚，他们都在传扬人性最原始、最本真的力量——爱！艺博人做不了伟大的事，但我们一直用伟大的爱努力地做好每一件小事！我们在阳光下做着阳光的事，这些事是正确的事，是服务社会、福泽后代的事……

第二点：艺博人在成长中是快乐的。每每在训练营结训后就有同人感慨："没想到帮助别人和被别人帮助是同样的快乐！"的确，幸福往往不是因为拥有什么，而是经历了什么。我们用互助的行动认知生活的百态，在博爱的过程中解读生命的意义，在释放爱心的同时，充实了自己、成长了自己、回归了自己，那些痛并快乐的回忆更是会伟大了自己，从而让我们能够畅快地享受当下。因为我们相信生活的美好，因为我们相信人性的美好，我们分享快乐！

艺博人是懂得爱、付出爱、创造爱的。因为相信爱，所以付出爱；因为收获爱，所以更加爱！此刻，我用这颗心承诺：艺博，永不忘初衷！永不改梦想！帮助家长、辅助教师，让更多的青少年都能快乐、高效地接受科学的教育规律和方法！我会和我的同人为这个目标而努力。

每天反省总结，无论遇到什么困难，必须坚持不懈！因为艺博爱着伟大的祖国，我们心里装下的不仅仅是自己的一方天地，更有整个国家和社会。因为我们知道：一个有爱心与公益信仰的群体，才可以真正和谐稳定、健康发展。

感恩、感谢所有为本书付出辛苦和爱的专家、朋友和同人！向艺博的缔造者和建设者表达敬意！向艺博的帮助者和支持者表达谢意！向艺博的关注者和艺博的家属们表达感恩！